Leuenhagen & Paris

1. Auflage Oktober 2003

Lister Meile 39, 30161 Hannover
www.Leuenhagen-Paris.de

Fotos & Gestaltung: Dirk Kirchberg
Korrektorat: Andrea Schulz

Gesetzt aus der Times Ten
Gedruckt im Offsetdruck

Gesamtherstellung:
Aalexx Druck GmbH, Großburgwedel

ISBN 3-923976-43-7

Helmut Zimmermann

das kleine
Hannoversche Geschichtsbuch

Anekdoten, Begebenheiten, Legenden

Leuenhagen & Paris

Inhalt

Kröpcke – Mittelpunkt der Welt

Wenn Sie immer noch nicht glauben, dass Niedersachsens Landeshauptstadt der Mittelpunkt der Welt ist, so gehen Sie bitte am Kröpcke auf die »Minus-Eins-Ebene« hinunter. Hier steht der stählerne »Nabel« der Leinestadt und zeigt an, dass es von hier 11.700 Kilometer bis Montevideo und 9.000 bis Tokio sind. An diesem »Nabel« beginnt auch die Niki-de-Saint-Phalle-Promenade, benannt nach Hannovers Ehrenbürgerin, der Bildhauerin der »Nanas« am Leineufer.

Vor gut zwei Jahrhunderten ersetzte man hier die Stadtbefestigung durch eine breite Promenade vom Aegidientor zum Steintor, die Georgstraße. 1843 aber erreichte der erste Eisenbahnzug den späteren Hauptbahnhof, und bald darauf kam man von dort durch die Bahnhofstraße zur Altstadt. Gegen 1880 aber legte Ferdinand Wallbrecht als deren Verlängerung die Karmarschstraße an. Die Kreuzung dieser Straßen mit der Georgstraße aber wurde nun zum Mittelpunkt Hannovers.

Als der aus dem Elbestädtchen Bleckede stammende Wilhelm Kröpcke 1885 das Café Robby an der Georgstraße pachtete, ahnte er gewiss nicht, dass sein Name nicht nur auf das Kaffeehaus, sondern 1948 auch auf den Stadtmittelpunkt selbst übergehen sollte. Der Zuckerbäcker Johann Robby war 1794 aus dem Engadin nach Hannover gekommen und hatte an der Leinstraße ein Kaffeehaus eröffnet. Sein Enkel Georg Robby, der ebenfalls Hofkonditor war, verlegte es 1869 zur Georgstraße, wo ihm der Architekt Otto Götze den Pavillon mit einem Kaffeegarten errichtete. Die Legende, der Pavillon stamme von der Pariser Weltausstellung 1867, lässt sich nicht belegen.

Kaum hatte Kröpcke das Café übernommen, stifteten hannoversche Bürger eine von Konrad Oertel geschaffene Wettersäule, die als »Kröpcke-Uhr« schnell zu einem beliebten Treffpunkt wurde. 1955 wurde sie abgebrochen und durch eine moderne Uhr ersetzt. Doch kaum zwei Jahrzehnte später musste diese dem Bau der U-Bahn-Station weichen.

Die Hannoveraner aber wollten ihre Kröpcke-Uhr wiederhaben, die Werner Hoffmann hier bis 1977 nachgestaltete.

Das Café ist nach allen Wechselfällen unserer Geschichte stets wiedererstanden. Am 26. Juli 1943 wurde das Gebäude durch Bomben zerstört, aber pünktlich zur ersten Exportmesse 1947 ersetzte man es durch ein Provisorium aus Zeltleinwand. Bald darauf schuf Dieter Oesterlen das »Café am Kröpcke« aus Leichtmetall, Holz und Glas. Ihm folgte 1976 das »Mövenpick« von Joachim Matthaei und seinen Mitarbeitern, das 1982 verändert und erweitert wurde. Es ist immer noch so beliebt und gut besucht wie vor einem Jahrhundert.

Die lebhafte Verkehrskreuzung von Straßenbahnen und Autos aber ist längst Vergangenheit. Heute gehört der »Kröpcke« nur noch den Fußgängern und den Radfahrern. Hier schlägt das Herz der »Weltstadt an der Leine«– fast in der Mitte zwischen Montevideo und Tokio.

»Schorsengasse« ist natürlich eine Untertreibung

Welcher Hannoveraner sagt schon »Georgstraße«, wenn er den Boulevard zwischen Steintor und »Aegi« meint. Das ist für ihn die »Schorsengasse«, ein Name, der an die Zeit vor zwei Jahrhunderten erinnert, »als wir alle Engländer waren«. Von 1714 bis 1837 währte die Personalunion zwischen dem britischen Königreich und dem norddeutschen Kurfürstentum, das 1814 auch einen König erhielt, Georg III. Und das englisch ausgesprochene »George« wurde eben zum niedersächsischen »Schorse«. Georg III., der dritte Welfenkönig auf dem Londoner Thron, ist auch der Namenspate der Georgstraße, hatte er doch zu deren Anlage auf den Wällen der aufgelassenen Festung 15.000 Taler beigesteuert.

Nur langsam kam die Bebauung voran, schrieb doch Burchard Christian von Spilcker noch 1819: »Die Georgstraße ist nur auf einer Seite bebauet; die nach dem Stadtgraben zu gehende ist frei...Die Breite der Straße beträgt

150 Fuß. Für die Fußgänger ist den Häusern gegenüber ein breiter, mit zwei Reihen von Lindenbäumen besetzter, nicht gepflasterter Fußweg eingerichtet, der durch eiserne Ketten, die zwischen aufgerichteten Pfeilern von Sandstein befestigt sind, von der Fahrstraße abgesondert wird. An dieser Straße haben zwei ehemalige Bastionen zwei ziemlich große Plätze gebildet, von denen der eine mit Bäumen bepflanzt, der andere mit einer der Altstadt gehörigen Windmühle besetzt ist.«

Die Windmühle stand auf dieser Bastion von 1748 bis 1844, fast ein Jahrhundert lang. Der Mühlenbaumeister Hans Behrendts errichtete sie 1701 auf dem Bärenrondell beim Aegidientor, von wo sie bei der Anlage der Aegidienneustadt umgesetzt wurde. Nun aber benötigte der Hofarchitekt Laves den Platz für sein neues Hoftheater, und so wanderte die Mühle weiter, bis sie 1938 als »Alte Mühle« in den Hermann-Löns-Park kam. Gegenüber dem Opernhaus aber erinnert die Windmühlenstraße noch heute an diese Mühle.

Das Opernhaus ist das Hauptwerk des

Oberhofbaudirektors Laves. Am Giebel liest man die ehernen Lettern: REX ERNESTUS AUGUSTUS I. CONDIDIT ARTIS ET MUSIS MDCCCXXXXV – König Ernst August I. gründete (dieses Haus) für die Kunst und die Musen 1845. Dies übersetzten die spöttischen Hannoveraner: »König Ernst August konditionierte bei der Artillerie als Musikus«. Am entgegengesetzten Giebel verewigte man König Georg V.: GEORGIUS V. REX ABSOLVIT OPUS PATERNUM MDCCCLII – König Georg V. vollendete das Werk seines Vaters 1852.

Den Altan über dem Haupteingang schmücken 12 Standbilder bekannter Dichter und Komponisten von Sophokles und Terenz bis zu Goethe und Beethoven. Bei einem der ersten größeren Luftangriffe brannte das Opernhaus am 26. Juli 1943 aus, wurde aber schon 1950 von Werner Kallmorgen wieder aufgebaut. 1985 gestaltete Dieter Oesterlen das moderne Bühnen- und Zuschauerhaus im restaurierten klassizistischen Gebäude.

Südlich des Opernhauses erinnert seit

1994 Michelangelo Pistolettos Mahnmal an die jüdischen Opfer der Nationalsozialisten. Dann beginnt – einst als Ehrenforum gedacht – die Reihe der Denkmäler bedeutender Hannoveraner mit zwei 1884 und 1883 geschaffenen Werken Oskar Rassaus, der Statue des Militärchirurgen und letzten Königlich Hannoverschen Generalstabsarztes Friedrich Louis Stromeyer aus Carrara-Marmor und der Bronzegestalt des Technologen Karl Karmarsch, der 1831 die Höhere Gewerbeschule einrichtete, Grundstock der heutigen Universität. Ihm folgt der 1877 von Ferdinand Hartzer in Bronze gegossene Generalmusikdirektor Heinrich Marschner.

Am Ostrand der ehemaligen Bastion erbaute Ernst Ebeling bis 1846 im englischen Tudorstil das Gebäude der Calenberg-Grubenhagenschen Landschaft, heute Sitz der Niedersächsischen Börse. Die Nachbarn sind Banken und Versicherungen wie die Deutsche Bank an der Ecke zum Georgsplatz. Dieses bis 1900 von Karl Börgemann für die Hannoversche Bank errichtete Gebäude beherrscht mit seiner stolzen grünen Kuppel das Straßenbild bis weit in die Hildesheimer Straße.

Auch der Georgsplatz, seit 1843 ebenfalls auf einer Bastion der früheren Stadtbefestigung entstanden, wird von Geldinstituten eingefasst. Im Stil eines florentinischen Palastes erbaute Max Hasak seit 1894 die Reichsbank, heute Landeszentralbank. Gegenüber stehen die 1938 von Wilhelm Mackensen errichtete Stadtsparkasse und Hanns Dustmanns bis 1958 entstandener Großbau der Niedersächsischen Landesbank, heute nur noch ein »Nebengebäude« des Hochhauses der »NORD LB« jenseits des Friedrichswalls.

Die Georgstraße endet am Aegidientorplatz, einem der wichtigsten Verkehrsknotenpunkte in der Innenstadt. Hatte man das Aegidientor im Zuge der Breiten Straße schon 1748 bei der Anlage der Aegidienneustadt beseitigt, so verschwand die bald darauf errichtete Torwache bei der Umgestaltung des Platzes im Jahre 1844. Das stolze Aegidientor des Mittelalters kann man heute wenigstens noch auf einem Bild bewundern: Es prangt auf einer Backsteinwand in der U-Bahn-Station Aegidientorplatz.

Wurden die sieben Männer »zu Tode geschmauchet«?

Bei den Wahrzeichen, die sich wandernde Handwerksgesellen einprägen mussten, um ihren Aufenthalt in Hannover zu beweisen, nennt der Kurfürstliche Bibliothekar Daniel Eberhard Baring 1748 auch den geheimnisumwobenen Siebenmännerstein an der Aegidienkirche. Auf dem Relief dieses Denkmals blicken sieben kniende Männer hinauf zu Christus am Kreuz zwischen Maria und Johannes. Unter dem Stadtwappen mit dem »Kleeblatt« bittet die Inschrift: »Gi Rikn unn Armen lat ju desen Dot erbarmen MCCCCLXXX« (=1480). Ein weiteres X am Rande scheint später eingekratzt zu sein.

Zu Barings Zeit erzählte man sich, dies seien die sieben Wächter des Döhrener Turms gewesen, einer Landwehr in der Eilenriede: »Es ist dieses ein starcker Paß eine Viertel Meile von Hannover; an der Holtz-Seite ist solcher mit sieben Graben verwahret, welche so viel Brustwehren abgeben, nach der Leine hinunter befinden sich vier Graben.« Diese Wächter hätten sich tapfer vom Turm herunter verteidigt, so dass ihnen die Angreifer nicht beikommen konnten. Da hätten mehrere Reiter Holz an den Fuß des Turmes gelegt, dieses angezündet und »die Wächter zu Tode geschmauchet.« Zur Erinnerung daran wollte der Magistrat das Denkmal am Döhrener Turm anbringen lassen, »an welchem auch noch der ausgehauene Platz zu sehen«, aber es sei dann an der Aegidienkirche aufgestellt worden.

Baring vermutete, dies sei 1490 geschehen, als der Welfenherzog Heinrich der Ältere die Stadt überrumpeln wollte. Und um 1820 gab der Arzt und Schriftsteller Wilhelm Blumenhagen dieser Überlieferung in seiner Novelle »Hannovers Spartaner« die Form, wie man sie seitdem als Sage weitererzählt. Danach nahm der Herzog den Döhrener Turm ein und tötete dabei die sieben »Spartaner«. Dann sei er mit seinen in Planwagen versteckten Soldaten zum Aegidientor gefahren. Dies sollte gerade geöffnet werden, als die vom Bürger Cord

Borgentrick gewarnten Wächter auf einem nahen Mauerturm mit einem Schuss Alarm gaben. Ein Schuss aber war auch das Angriffssignal der Herzoglichen. Sie stürmten also aus ihrem Versteck hervor und wurden von den schnell herbeieilenden Bürgern blutig zurückgeschlagen. Dies war am 24. November 1490, dem Tag des Heiligen Chysogonus.

Historiker bemühten sich bisher vergeblich, das mit diesem Stein verbundene Rätsel zweifelsfrei zu lösen. Bezieht sich »desen Dot« überhaupt auf das Ende der sieben Männer, oder ist damit nicht der Kreuzestod Christi gemeint? Das »Kleeblatt« scheint zwar auf ein Ereignis der Stadtgeschichte hinzuweisen, aber auch der sehr genaue Bericht des Stadtbuches vom Überfall des Herzogs am 24. November 1490 sagt nichts über den Tod von sieben Wächtern auf dem Döhrener Turm. Erst durch Baring und Blumenhagen wurde die Überlieferung so volkstümlich, dass 1908 sogar die »Spartanerstraße« in Döhren nach den Wächtern benannt wurde. »Echte« Erinnerungen an diesen Überfall des Herzogs aber sind noch heute die Reliefs der Kalenderheiligen Chrysogonus und Katharina an der Gartenkirche und am Alten Rathaus.

Die Marktbrunnen sind nie alt geworden

Kaum eine öffentliche Einrichtung Hannovers hat eine so lange »Ahnenreihe« wie der Marktbrunnen. Der heutige Bronzebrunnen mit der Fischhändlerin und dem Blumenmädchen wurde von 113 Bürgern gestiftet, von Conrad Wilhelm Hase entworfen und 1881 von Wilhelm Engelhard ausgeführt. Ursprünglich stand er in der Mitte der zur Marktkirche weisenden Front des Alten Rathauses, und seit 1960 nimmt er seinen jetzigen Standort ein.

Schon im ältesten Haus- und Verlassungsbuch der Altstadt von 1441 heißt es von einem Grundstück beim Alten Rathaus, es liege »by dem Borne«. Und wie wir dann in einer Chronik lesen, »ist Anno 1551 der erste Piepenborn auf dem Markt allhier gebauet worden, welche Form aber Anno 1619 wieder abgebrochen und die jetzige Form hingesetzet«. Dieser nach den »Piepen«, den Brunnenröhren, benannte »Piepenborn« war eine Nachbildung des elf Jahre älteren, von Henny Warneke geschaffenen Marktbrunnens in Hildesheim. Schuf doch der »Mester van Hyldensem« vier der Bildtafeln, während die anderen vier Tafeln vom hannoverschen Bildhauer Arndt Siemerding stammten. Dieser arbeitete auch die acht Pfosten oder Kantenstücke, die vier Löwen, das obere Becken, den Mittelpfosten und die darauf stehende Figur »Hänschen up dem Pipenborn«. Diese sehr beliebte Figur versetzte man beim Abbruch des Brunnens auf ein Siel des Festungsgrabens, von wo sie erst bei dessen Beseitigung verschwand.

1618 schloss der Rat einen Vertrag mit dem Hildesheimer Bildhauer Jonas Wulff über den Bau »eines newen Wasser oder Pfeiffen Brunnen« auf dem Marktplatz. Wulffs Geselle war vermutlich der aus Northeim stammende Jeremias Sutel. Dieser erbot sich, dafür zwei »mannsgroße« Bildwerke zu schaffen. Nach Meinung des Stadtarchivars Leonhardt könnte es sich dabei um Darstellungen von Amphitrite, der Gattin des Meeresgottes Poseidon, und der griechischen Flussgöttin Kallirhoe gehandelt haben. 1907 fand man diese beiden

Bildtafeln im Brauergildehaus an der Osterstraße, wo sie im Zweiten Weltkrieg zerstört wurden. Jonas Wulffs Aktäon-Brunnen schmückte den Platz genau ein Jahrhundert lang. Als man ihn entfernte, wurden Teile in das Sodenkloster am Klostergang eingebaut. Sie befinden sich heute im Historischen Museum am Hohen Ufer.

1719 schrieb der Chronist Johann Heinrich Redecker: »Die Stadt ließ die Wasserkunst am Altstädter Markt, der Piepenborn genant, von neuem wieder bauen«. Aber auch ihn brach man nach einem Jahrhundert wieder ab, klagte doch Wilhelm Blumenhagen 1839: »Wo ist der große Brunnen oder vielmehr die große Wasserkunst am Altstädter Markte mit der badenden Diana, den neun Nymphen und dem für seine Neubegier bereits gehörnten Actäon, welche oftmals das poetische Ziel unserer Schneebälle gewesen?«

Nun gab es hier bis 1881 keinen »richtigen« Brunnen mehr, wenn man auch um 1850 bei einer Pflasterung des Platzes ein Wasserbecken mit einem Springbrunnen anlegte, der

1873 zum Klagesmarkt versetzt wurde. Und auch das sechs Jahre darauf von Carl Dopmeyer geschaffene Denkmal für den Senior Hermann Wilhelm Bödeker war eben trotz seines wasserspeienden Drachenkopfes kein »richtiger« Marktbrunnen. Dies änderte sich erst 1881 wieder mit der Errichtung des heutigen Brunnens, ohne den wir uns den Marktplatz kaum noch vorstellen können.

Ein Knabe schwebte vom Turm der Marktkirche

Ein krankes Mädchen aus dem »vicus Hanovere«, das nach einem Gebet am Grabe des Bischofs Bernward von Hildesheim von seinen Augenschmerzen geheilt wurde, hat dem Namen der Leinestadt zur ersten urkundlichen Erwähnung verholfen. Dieser »vicus«, von dem die »Miracula Sancti Bernwardi«, die Wunder des Heiligen Bernward, um 1150 berichten, war ein Marktort an der Kreuzung der Handelswege von Süddeutschland nach Lüneburg und Lübeck und von Goslar über Hildesheim nach Bremen. Und wo die reisenden Kaufleute ihre Waren austauschten, gab es auch eine Kirche.

Das Gotteshaus dieses Marktfleckens Hanovere war die romanische Vorgängerin der heutigen Marktkirche. Sie war dem Ritterheiligen Georg geweiht und nach Helmut Plaths Ausgrabungen »frühestens nach 1108, nach der Gründung des Goslarer Georgsklosters, gegründet; sehr viel später als 1125 dürfen wir sie wohl nicht ansetzen«. In einer Urkunde erscheint diese Kirche allerdings erst 1238, als Warmannus, »beati Georgii capellanus in Honovere«, dem Kloster Marienwerder eine Schenkung versprach. Vielleicht hat man die Kirche damals bereits erweitert.

Später fand man unter der Marktkirche nur noch Reste dieser Georgskirche, aber 1956 entdeckte man im Sockel des gotischen Backstein-Mauerwerks zwei prächtige romanische Säulenkapitelle mit stilisierten Palmblättern. Sie stammen wohl vom Wiederaufbau der Kirche nach dem Stadtbrand von 1189, als Kaiser Heinrich VI. bei einem Feldzug gegen die Parteigänger Heinrichs des Löwen die »civitas Hanovere« niederbrennen ließ.

Die dreischiffige gotische Hallenkirche, die wohl schon um 1320 begonnen wurde und drei Jahrzehnte später im wesentlichen fertig gestellt war, gilt als südlichster Großbau der Backsteingotik, deren bedeutendste Schöpfungen im Ostseeraum zu finden sind. Der zweite Schutzheilige der Kirche neben dem Drachentöter Georg wurde Jakobus der Ältere, der Beschützer der Pilger.

Nach der Brandkatastrophe vom 26. Juli 1943 wurde das Gotteshaus bis 1952 von Dieter Oesterlen in den gotischen Formen und im warmen Rot des unverputzten Backsteins wiederhergestellt. Seit 1925 ist die Marktkirche auch die Kathedrale des Landesbischofs der Evangelischen-lutherischen Landeskirche Hannovers. Der Glockenturm wurde mit seinen 97,26 Metern zum Wahrzeichen der Stadt. Auf seiner Süd- und Nordseite umrahmen sechszackige Davidsterne die Zifferblätter der Uhr, während die Ostseite an dieser Stelle das Pentagramm, den fünfzackigen Drudenfuß, aufweist. Es soll das einzige derartige Zeichen überhaupt sein, das auf der Spitze steht.

Viel Interessantes aus dem Leben hannoverscher Familien erzählen uns die Grabdenkmäler in der Kirche und an der Außenwand. Da finden wir an der nördlichen Außenwand den Chorknaben Josua Wineker, von dem die Sage berichtet, er sei beim Ausnehmen von Dohlennestern vom Turm abgestürzt, aber mit seinem wie ein Fallschirm aufgeblähten

Mantel sicher zum Erdboden herabgeschwebt. Dennoch starb der Sohn des Hofpredigers mit 13 Jahren und wurde hier in Lebensgröße mit seinem weiten Mantel dargestellt. Winekers Nachbar ist Conrad Wiedemeyer, Großvogt zum Calenberg, in seiner spanischen Hoftracht, mit einer dreifach umgelegten Ehrenkette geschmückt.

Auf der Südseite schmücken ein großes Wappen und das nur halb so große Porträt des Verstorbenen das Grabdenkmal des Hofrats Eberhard von Berkhusen. Dieser erste uns bekannte Familienforscher stellte 1553 die »Nachrichten von Hannoverischen Patricien-Familien« zusammen. Er selbst, Sohn des Reformationsbürgermeisters Anton von Berkhusen, war – wie so mancher Genealoge – unverheiratet geblieben. Auf dem übernächsten Stein knien die Schwestern Catarina von Semmern und Johanna Friese, Töchter des Floreke Rommel auf Wölpe und Drakenburg, unter dem Gekreuzigten. Sie waren die Stifterinnen des Ratsklosters und des Friesen- und Semmernschen Legatenregisters. Der

Leibnizhaus-Bildhauer Peter Köster schuf und signierte den Grabstein für den Stadtkämmerer Lorenz Niemeyer und seine beiden Ehefrauen. Kaum kleiner ist die Grabplatte, welche die Bürgermeisterstochter Barbara Grove ihren drei Ehemännern setzen ließ.

Man betritt die Marktkirche durch das 1959 von Gerhard Marcks geschaffene Bronzeportal mit den Darstellungen der Apokalypse unserer Zeit, der nationalsozialistischen Epoche und des Zweiten Weltkriegs. Den schönen Backsteinraum des Gotteshauses sollte man in einer besinnlichen Stunde auf sich wirken lassen. Auch das Innere ist reich mit Grabsteinen ausgeschmückt, von denen die meisten von der Nikolaikapelle an der Goseriede stammen.

Unter den Epitaphien des Joachim und des Dietrich von Anderten, zwei Arbeiten des Adam Stenelt aus Osnabrück, hängt Jeremias Sutels letztes Werk, das Denkmal für den Bürgermeister Statius Vasmer. Die Sage verbindet es mit dem tragischen Tod des Bildhauers im April 1631. Wie die »Chronologia

Hannoverana« erzählt, hatte der aus Hameln stammende Maler Erich Meyer den Bildhauer tödlich verwundet, weil er »ihm aus Verleitung anderer beygemessen, als hette er ihme seine Mahlerkunst verachtet, darumb er diese böse That trunkener Weise an ihm verrichtete«.

Im Südchor steht die kurz vor 1500 entstandene Bronzetaufe der Aegidienkirche. Sie ruht auf Löwen und ist mit zehn Heiligenfiguren geschmückt, darunter dem heiligen Georg mit dem Lindwurm und der heiligen Katharina mit dem Rad. Im Nordchor sehen wir unter der alten Georgsgestalt vom Portal die prächtige Bronzetaufe der Marktkirche aus der Zeit um 1480 mit ihren Heiligengestalten und dem reichen Blattwerk des Baldachins. Der Stein des 1557 gestorbenen Jürgen Idensen trägt das Meisterzeichen des Arndt Siemerding, der als Begründer der hannoverschen Bildhauerschule gilt und der auch gemeinsam mit dem Goldschmied Hans Bünting die Sonnenuhr an der Südwestecke der Kirche schuf.

Den Hauptchor füllt der wohl um 1480 geschaffene spätgotische Hochaltar. Er war

1665 der Aegidienkirche überlassen worden, als man in der Marktkirche den von Johann Duve gestifteten Barockaltar des Hamburger Bildschnitzers Heinrich Friedrich Busch aufstellte. Seit 1951 befindet sich dieser Passionsaltar wieder an seiner alten Stelle. Hier ist die Leidensgeschichte Christi vom Einzug in Jerusalem bis zum Jüngsten Gericht dargestellt, in der Mitte die Kreuzigung mit den Kriegsknechten, die um den Rock des Gekreuzigten würfeln. Auf der Rückseite sind gemalte Szenen aus den Legenden der beiden Hauptheiligen dieser Kirche, Georg und Jakobus, zu sehen.

Die Glasmalereien im mittleren Chorfenster erzählen diese Legenden und die des heiligen Mauritius, dem die Ratsfamilie Türke 1390 einen Altar in der Sakristei gestiftet hatte. Nach neueren Forschungen wurden die Fenster um 1410 nach dem Vorbild des Wildunger Altars des Conrad von Soest geschaffen. War ihr Schöpfer jener »Gherd Glazewerte«, der 1410 das hannoversche Bürgerrecht erwarb? Eine Neuschöpfung von 1908 ist die Kreuztragung

Christi im linken Fenster.

Bevor auch bei uns die »Wolkenkratzerzeit« begann, waren die Kirchtürme meistens die höchsten Bauwerke eines Ortes. In Hannover übertraf man sich aber zu Beginn des 20. Jahrhunderts selbst, denn die vergoldete Spitze der monumentalen Rathauskuppel ragt noch 47 Zentimeter über den Turmhahn der Marktkirche hinaus...

Ein Mord beendete die zarte Romanze

Das Leineschloss ist der Mittelpunkt des Regierungsviertels. Aus der engen Leinstraße ist hier der Hinrich-Wilhelm-Kopf-Platz geworden, der an den ersten Ministerpräsidenten des Landes Niedersachsen erinnert. Gegenüber liegt das Sozialministerium, und nach Südosten hat man einen freien Blick zum klassizistischen Wangenheimpalais, in dem der Minister für Wirtschaft, Technologie und Verkehr residiert. Aus derselben Epoche stammt der Schlossbrunnen, der mit seinem achteckigen Sandsteinsockel von 1828 bis 1914 auf dem Neustädter Markt stand, dann zur Goethestraße versetzt wurde und seit 1955 gegenüber dem Portikus des Schlosses empor sprudelt.

Zwischen Leinstraße und Leine hatten sich 1288 die Minoriten niedergelassen, ein Zweig des Franziskanerordens. Hier errichteten sie ihr Kloster und ihre Kirche, die später zur Schlosskirche wurde. 1533 verließen die Franziskaner Hannover. Fortan dienten ihre

Gebäude den Stiftungen des Ratsklosters und des Sodenklosters, aber auch als Schreib- und Rechenschule, als Stadtbücherei, als Münze und als Werkstätten für Kunsthandwerker. Diese Einrichtungen mussten weichen, als der Welfenherzog Georg von Calenberg 1636 Hannover zu seiner Residenz erklärte und im folgenden Jahr den Bau des Leineschlosses beginnen ließ.

Umbauten und Erweiterungen haben das Schloss immer wieder verändert. Das gilt besonders für den Wiederaufbau des Kammerflügels durch Johann Paul Heumann nach einem Brand von 1741 und für den 1816 begonnenen Umbau durch Georg Ludwig Friedrich Laves. Dieser schuf auch den 1834 vollendeten klassizistischen Portikus. Bomben ließen 1943 nur die Außenmauern des Leineschlosses stehen. Als man beschloss, hier den Niedersächsischen Landtag einziehen zu lassen, wurden 1957 die Sarkophage der Welfenfürsten aus der Schlosskirchengruft in das Mausoleum im Herrenhäuser Berggarten gebracht. Bis 1962 fügte Dieter Oesterlen an der Südostseite des

Schlosses den Plenarsaal des Landtages an.

Die Hannoveraner verbinden das Leineschloss mit der tragischen Liebesgeschichte des Grafen Philipp Christoph Königsmarck mit der Welfenprinzessin Sophie Dorothea. Königsmarck war der Sohn des schwedischen Vizegouverneurs der Herzogtümer Bremen und Verden. Im Türkenkrieg war er schon früh zum Obersten eines kaiserlichen Kürassierregiments aufgestiegen, und 1689 trat er in hannoversche Dienste. Sophie Dorothea, Tochter des in Celle residierenden Herzogs Georg Wilhelm, war seit 1682 die Gattin ihres Vetters Georg Ludwig, des späteren hannoverschen Kurfürsten und englischen Königs. Ihre Kinder waren König Georg II. und Sophie Dorothea, später Gattin des preußischen »Soldatenkönigs« Friedrich Wilhelm und Mutter Friedrichs des Großen.

Königsmarck und Sophie Dorothea hatten sich bereits in Celle kennen gelernt. Seit 1690 wechselten sie Liebesbriefe, von der Reichsgräfin Platen, der »Gunstdame des Kurfürsten«, mit eifersüchtigem Hass verfolgt. Im

Mai 1694 tritt Königsmarck als Generalmajor in den Dienst Augusts des Starken in Dresden. Im Juni kommt er noch einmal nach Hannover und löst seinen Haushalt auf. Dass er die Kurprinzessin entführen will, lässt sich nicht beweisen. Am Abend des 1. Juli geht Königsmarck von seiner Wohnung ins Leineschloss. Dort stellen ihn vier Höflinge und töten ihn. Mit Steinen beschwert, verschwindet die Leiche in der Leine. Sophie Dorothea fährt zu ihrem Vater, der sie nach Ahlden bringen lässt. 1726 stirbt die »Prinzessin von Ahlden«, ohne ihre beiden Kinder jemals wieder gesehen zu haben.

Nur wenige Meter vom Leineschloss kommen wir zum Holzmarkt, der diesen Namen schon 1593 trug. Hier stiftete Oskar Winter 1896 zum 100. Jubiläum seiner Eisenwarengroßhandlung den Schmiedebrunnen. Otto Lüer schuf den Sockel und die Brunnenschale aus Sandstein, Karl Gundelach die Bronzefigur des Schmiedes unter dem Eisenbaldachin. Sie wurde 1954 von Friedrich Adolf Sötebier erneuert. 1914 hatte der Brunnen ein Gitter erhalten, in dessen gusseiserne Konstruktion ein drehbarer Messingring eingelassen ist. Dieser Ring ist eine Besonderheit, die es nur noch einmal am Schönen Brunnen auf dem Nürnberger Hauptmarkt geben soll.

1983 wurde hier das Leibnizhaus eingeweiht. Vor ein modernes Gebäude setzten Wilfried Ziegemeier und Hubertus Pfitzner die gemeinsam mit dem Bildhauer Georg Arfmann in Königslutter nachgeschaffene Fassade des schönsten Bürgerhauses, das 1943 in der Schmiedestraße den Bomben zum Opfer fiel. Dort besaß die Ratsfamilie vom Sode ein gotisches Backsteinhaus. Der Herzogliche Oberkriegssekretär Karl von Lüde, ein Erbe der Familie, ließ es bis 1652 umbauen und von Hinrich Alfers mit einer prächtigen Sandsteinfassade versehen, in die auch ein mit 1499 datierter Tonfries wieder eingefügt wurde. Das Haus bekam einen dreigeschossigen Vorbau, die »Utlucht«, die von Peter Köster und seiner Werkstatt mit vielen Reliefs biblischer Szenen von der Erschaffung Evas bis zur Auferstehung Christi geschmückt wurde.

Von 1698 bis zu seinem Tode am 14. November 1716 wohnte der Philosoph, Historiker und Mathematiker Gottfried Wilhelm Leibniz in diesem Haus, und am 19. April 1759 wurde hier der Schauspieler, Dichter und Theaterdirektor August Wilhelm Iffland geboren.

Im Haus Holzmarkt 2 gegenüber dem Leibnizhaus wurde am 28. März 1795 der Historiker Georg Heinrich Pertz als Sohn eines aus Wolfenbüttel stammenden Hofbuchbinders geboren. Pertz war der erste Redakteur der »Monumenta Germaniae Historica«, des grundlegenden Quellenwerks zur deutschen Geschichte. Verlegt wurde es von 1825 an vom Hofbuchhändler Heinrich Wilhelm Hahn im Hause Leinstraße 32, das 1943 dem Krieg zum Opfer fiel. Am Nachbarhaus sind das Schaufenster und die Fenster mit reichem plastischem Schmuck von Kriegern, Putten und Tritonen verziert. Sie dienten als Türeinfassung an einem stolzen Patrizierhaus, das der Ratsmaurermeister Joachim Pape 1617 für Georg Türke geschaffen hat. Es lag an der Ecke zur Mühlenstraße, dem heutigen Westteil der Karmarschstraße, und sollte einer Erweiterung des Leineschlosses weichen. Deshalb beschrieb der Arzt und Stadtpoet Wilhelm Blumenhagen es 1839 im »Vaterländischen Archiv« als »ein Haus der Väter«. Als der Abbruch bevorstand, erwarb der Hofmaler Karl Oesterley die Fassadenteile und benutzte sie, leicht verändert, beim Bau seines Hauses an der Langen Laube vor dem Steintor. Dieses Gebäude wurde 1943 bis auf die Außenmauern zerstört. Die kleinen Kunstwerke aber blieben erhalten und schmücken nun das Schaufenster am Hause Leinstraße 33.

Vom Holzmarkt blickt man durch die Pferdestraße zum Beginenturm, der 1357 gegenüber der Burg Lauenrode der Welfenherzöge aufwuchs. Seinen Namen hat er vom damals benachbarten Kloster der Beginen, einer Gemeinschaft von Tertiarierinnen des Franziskanerordens. Die Mauern sind am Boden ungefähr drei Meter und unter dem Dach etwa 1,70 Meter dick. Eine bis 4,20 Meter unter die heutige Straßenfläche niedergeführte Grabung hat den Mauerfuß nicht erreicht. Als Kurt Hoffmeister ungefähr 1950 die Treppe zwischen den Stockwerken seiner »Türmerwohnung« in der Mauer emporführte, fand er dort nicht nur Feldsteine und Kalksteinblöcke, sondern auch Sandsteinquadern, die mit Würfelornamenten verziert sind und wohl von einer der um 1350 abgebrochenen romanischen Kirchen stammen. Offenbar hat man seinerzeit das Material für den Turm von überall zusammengetragen, um das Werk in kürzester Zeit zu vollenden.

Über das »Hohe Ufer« und die Leine blickt man hier zur Calenberger Neustadt mit der Sankt-Johannis-Kirche und der grünen Kuppel der Clemenskirche.

Das »Auge Gottes« war den Hitlerleuten nicht geheuer

Im Frühjahr 1901 begann der Geheime Oberbaurat Hermann Eggert mit dem Bau des Rathauses, des stolzen Symbols der »Ära Tramm«. Damals wurde Hannover von dem Stadtdirektor Heinrich Tramm »regiert«. Als Seine Majestät, Kaiser Wilhelm II., das Rathaus am 20. Juni 1913 einweihte, soll der Stadtdirektor auf die Frage des Monarchen nach den Kosten stolz erwidert haben: «Zehn Millionen, und alles bar bezahlt, Majestät!«.

Das Rathaus steht auf dem unsicheren Baugrund eines Teils der Stadtbefestigung, und für das Fundament mussten 6026 Buchenpfähle eingerammt werden, wie wir in der gewissermaßen amtlichen »Festschrift zur Einweihung des Rathauses« lesen. Ausgebaut wurde es weitgehend vom Stuttgarter Architekten Gustav Halmhuber, der 1910 an Eggerts Stelle getreten war. Den Baustoff bildet überwiegend der graue Sandstein vom Deister, Süntel und Osterwald. Die historisierenden Formen nennt man »deutsche Renaissance«. Die vergoldete Spitze der kupfergedeckten Kuppel erhebt sich 97,73 Meter über dem Gebäudefuß und ist damit 47 Zentimeter höher als der Hahnenkamm auf dem Marktkirchturm.

Die Front des Rathauses schmücken im Obergeschoß Reliefs aus Hannovers Geschichte, links beginnend mit der von Peter Schumacher geschaffenen Szene des kranken Mädchens, das am Grabe des heiligen Bischofs Bernward von Hildesheim um die Heilung von seinem Augenleiden betete und damit um 1150 die erste Erwähnung Hannovers bewirkte. Es folgen von Werner Hantelmann die Bestätigung der Stadtrechte 1241 durch den Welfenherzog Otto das Kind, die Zerstörung der Burg Lauenrode 1371 und der Augenblick, als der Herzog Georg von Calenberg 1636 Hannover zu seiner Residenz erklärt. August Waterbeck stellte den Einzug des Königs Ernst August 1837 dar, Karl Gundelach die Kurfürstin Sophie und Leibniz um 1700 und Werner Hantelmann die Verteidigung des Gehöfts La Haye Sainte in der Schlacht von Waterloo 1815. Die beiden letzten Reliefs von Peter Schumacher zeigen den Bürgermeister Christian Ulrich Grupen mit dem Plan der 1747 angelegten Aegidienneustadt und den Herzog Ernst den Bekenner 1525 beim Abendmahl in der Schlosskirche zu Celle. Leer blieb das Feld rechts neben der Ratslaube, auf dem die Einweihung des Rathauses durch Kaiser Wilhelm II. verewigt werden sollte. Die Germania und die Hannovera von August Waterbeck flankieren die Ratslaube, deren Giebel das von zwei »wilden Männern« gehaltene Stadtwappen trägt. Den Giebel über der Ratslaube schmücken die Reliefs eines Löwen und eines Pferdes von Georg Heitmann.

Auf der Südseite sieht man am Obergeschoss die Statuen von vier Welfenfürsten, Heinrich den Löwen, den Kurfürsten Ernst August und den König Ernst August, alle von Werner Hantelmann, und rechts das von Oskar Garvens stammende Standbild Georgs V. Peter Schumacher schuf die Porträtreliefs zwischen den Fenstern des Untergeschosses, links beginnend mit Johann Duve und fortgesetzt mit Georg Ludwig Friedrich Laves, Hermann Wilhelm Bödeker und Karl Karmarsch. Am Maßwerk der Rundbogenfenster aber bemerkt man etliche Tiere: Hund, Katze, Fuchs, Hasen und Affen.

Durch das Hauptportal führt der Weg ins Rathaus. Hier wacht der Ritterheilige Georg, Hannovers Schutzpatron im Mittelalter, mit den Genien der Gerechtigkeit und der Eintracht, während über den Seitenportalen der Fleiß und die werktätige Liebe dargestellt sind. Diese vergoldeten Kupfertreibarbeiten sind von Gustav Adolf Bredow. Über dem heiligen Georg sehen wir auf älteren Fotos das Dreieck mit dem »Auge Gottes«, das in der nationalsozialistischen Zeit als angebliches Freimaurersymbol entfernt wurde. An den Schmalseiten der Vorhalle stehen vier hermenartige Atlanten, von denen Georg Herting den Gelehrten, den Krieger und den Arbeiter schuf und August Waterbeck den Kaufmann.

In der Mittelhalle sind vier Zeitalter durch

Figuren symbolisiert. Ein Germane und ein Kaufmann des Mittelalters stammen von Werner Hantelmann, Karl Gundelach schuf einen Landsknecht des Dreißigjährigen Krieges und einen Gelehrten des 19. Jahrhunderts mit den Gesichtszügen des Keilschriftentzifferers Georg Friedrich Grotefend. Werke Gundelachs sind auch die Porträtkartuschen am Fuß der Gewölberippen. Sie zeigen den Reformator Antonius Corvinus, den Gelehrten Gottfried Wilhelm Leibniz, den Leibarzt Johann Georg Zimmermann und den hannoverschen und später preußischen Justizminister Adolph Wilhelm Leonhardt. Ernst Waegener schuf die Büsten Luthers unter dem Südfenster und Bismarcks auf der Nordseite.

Vier Modelle in der Halle zeigen die Entwicklung der Innenstadt Hannovers über drei Jahrhunderte. Das erste Stadtmodell stellt die Residenz der Herzöge von Calenberg im Jahre 1689 dar. Der Grundriss der Altstadt aus dem Mittelalter ist noch unverändert, nur das Leineschloss, die Calenberger Neustadt westlich der Leine und die mächtigen Festungswerke sind hinzugekommen. Genau ein Vierteljahrtausend jünger ist das im zweiten Modell wiedergegebene Zentrum der preußischen Provinzhauptstadt von 1939, die 470.000 Einwohner zählte. Die Festungswälle sind den breiten Verkehrsadern um Alt- und Neustadt gewichen. Nur im Platz um das Opernhaus ist die Bastion noch zu erkennen. Das Grün der Leineaue ragt mit dem Maschpark bis an das Rathaus heran. In der Altstadt prägen noch die langen Zeilen der Fachwerkhäuser das Bild der engen Straßen. Doch nach allen Seiten ist die Innenstadt inzwischen gewachsen mit jenen mehrstöckigen Gebäuden, die für die Zeit zwischen 1870 und 1914 typisch waren. Sechs Jahre später war Hannovers Zentrum, wie das dritte Modell zeigt, ein Trümmerfeld. Die historischen Baudenkmäler sind in ihren Ruinen zu erkennen. Gelbe Drähte bezeichnen die Verkehrsplanung des Wiederaufbaus, wie sie auch aus dem Flächennutzungsplan an der Südwand der Halle abzulesen ist. In die Zukunft weist das vierte Modell, das nicht nur das gegenwärtige Stadtzentrum darstellt, sondern sogar die Veränderungen vorwegnimmt, die für kommende Jahre geplant sind.

Östlich der Rathaushalle liegt im Obergeschoss der Hodlersaal, benannt nach dem Schweizer Maler Ferdinand Hodler, der hier das 15 Meter breite und fünf Meter hohe Gemälde »Einmütigkeit« schuf. Es zeigt den Bürgerschwur auf dem Marktplatz am 26. Juni 1533, als Dietrich Arnsborg, der Wortführer der Meinheit, der nicht zunftgebundenen Bürger, diese mit erhobener Hand schwören ließ, »fortan ein evangelischer Bruder zu sein«. Es war der Sieg der lutherischen Lehre in Hannover.

Ein besonderes Erlebnis ist die Auffahrt mit dem Schrägaufzug, angeblich dem einzigen überhaupt, an der Innenseite der Kuppelschale zu den Galerien der Rathauskuppel. Weit geht der Blick über die Innenstadt im Kranz der Eilenriede und der Herrenhäuser Königsgärten und vor allem nach Süden über den Maschsee und das Calenberger Land bis zu den blauen Höhenzügen des Weserberglands, ja, bei klarem Wetter sogar bis zum 90

Kilometer entfernten Brocken, dem höchsten Gipfel des Harzes.

Der erste Kirchturm hielt nur 17 Jahre

Wer die Sandsteinplatten mit dem Laubwerk und den Fruchtgehängen an der Ostwand der Sankt-Johannis-Kirche am Neustädter Markt aufmerksam betrachtet, bemerkt gewiss auch die Taubenfamilie auf einer dieser Platten. Man hält dieses Relief für eine geschickte »Außenwerbung« des Bauunternehmers Johann Duve, der es wohl gestiftet hat wie auch die Altarverzierung und Gemälde an den Emporen im Inneren der Kirche. Ist doch »Duve« das niederdeutsche Wort für die Taube, die wir auch im Wappen dieses Großkaufmanns finden.

Das erste Gotteshaus der Neustadt mag die Burgkapelle auf Lauenrode gewesen sein, die 1371 zerstört wurde. Gut ein Jahrzehnt später, 1382, stiftete einer der Burgmannen, Cord von Alten, in der Neustadt eine Kapelle zu Ehren der heiligen Jungfrau Maria und des heiligen Gallus. Sie lag etwa auf dem jetzigen Rosmarinhof, wurde 1389 vom Bischof Otto von Minden zur Pfarrkirche für die Neustadt mit Lauenrode und Brühl erhoben und blieb dies bis 1670. Dann wurde sie zur Lateinschule, und 1850 brach man sie ab.

Um 1650 überlegte man, in der schnell wachsenden Neustadt eine neue, größere Kirche zu errichten. Ein Bauplatz ergab sich von selbst durch die Zuschüttung des sogenannten Judenteiches. 1665 kam der katholische Herzog Johann Friedrich auf den Thron und beanspruchte die Kirche im Leineschloss für die sich allmählich bildende katholische Hofgemeinde. Nun ging auch der Bau des Neustädter Gotteshauses schnell voran, und am 10. April 1670 wurde die Hof- und Stadtkirche Sankt Johannis geweiht. Der Bauunternehmer war Johann Duve, der technische Leiter Brandt Westermann, und als Architekten vermutet man – allerdings nicht unbestritten – den mit einer Angehörigen der Ratsfamilie von Wintheim verheirateten Venezianer Hieronimo Sartorio. 1673 war auch der Turm mit der hübschen Barockhaube fertig. Doch eineinhalb Jahrzehnte später drohte er einzustürzen, sodass man ihn 1690 abbrach. Von 1692 bis 1702 wuchs dann der jetzige Turm auf, wie man ihn auch 1958 nach den Kriegszerstörungen wiederherstellte.

34 Grabsteine aus den Jahren 1656 bis 1767, vorwiegend von Hofbeamten und ihren Familien, schmücken die Außenwände der Kirche. Ihr Südportal flankieren die Steine für den Hofbauschreiber Brandt Westermann, der 1716 starb, und für seine Ehefrau. Den übernächsten Stein nach Osten schuf der Leibnizhaus-Bildhauer Peter Köster mit den Reliefs des 1656 gestorbenen Goldschmieds Cord Hölling und seiner Familie.

Betritt man die Kirche durch den Turmeingang, erblickt man links eine moderne Grabplatte über der Gruft des Generals Graf Carl von Alten. Er ruht hier seit 1958, als sein von Laves erbautes Mausoleum im Sundern bei Hemmingen einzustürzen drohte. Carl von Alten wurde 1764 im Stadthaus der Familie in der Großen Duvenstraße, dem heutigen Duvehof, geboren und dann in der Sankt-Johannis-Kirche getauft. Dies geschah wohl in der 1760 vom Hofbildhauer Johann Friedrich

Blasius Ziesenis geschnitzten Rokokotaufe. Rechts vom Altar aber ruhen die sterblichen Überreste des Gelehrten Gottfried Wilhelm Leibniz. Seine Grabplatte trägt die wohl um 1790 angebrachten Metallbuchstaben »OSSA LEIBNITII«.

Seit mehr als drei Jahrhunderten ist die Hof- und Stadtkirche Sankt Johannis der Mittelpunkt der Neustadt.

Für die Kuppel reichte das Geld nicht mehr

Nur wenige Minuten geht man von hier zur katholischen Hauptkirche der Stadt, der Propsteikirche Sankt Clemens. Mit ihrer grünen Kuppel erinnert sie an Santa Maria della Salute in Venedig, das Meisterwerk Baldassare Longhenas, dessen Schüler Tommaso Giusti die Clemenskirche schuf. Das eindrucksvolle, von Giusti 1713 angefertigte Modell dieser Barockkirche steht im Historischen Museum am Hohen Ufer. Doch damals wurde diese Kuppel nicht mehr ausgeführt, denn der Pfahlrost im unsicheren Baugrund des Leine-Urstromtals hatte soviel Geld verschlungen, dass der Rest nur noch für ein einfaches Ziegeldach reichte. Erst beim Wiederaufbau nach dem Zweiten Weltkrieg vollendete Otto Fiederling 1953 die Kirche mit einer Kuppel aus Leichtmetall.

Als der katholische Herzog Johann Friedrich 1679 starb, folgte ihm sein Bruder, der lutherische Herzog Ernst August, seit 1692 Kurfürst von Hannover. Nun musste die inzwischen entstandene katholische Hofgemeinde das Leineschloss wieder räumen. Diese war aus italienischen und französischen Musikern, bildenden Künstlern und Handwerkern, aber auch aus Süddeutschen, Westfalen und übergetretenen Hannoveranern entstanden. Es war vor allem der seit 1688 in Hannover weilende Hofkapellmeister, Organist und spätere Bischof Agostino Steffani, der stets auf den Bau einer katholischen Kirche drängte. Aber erst 1709 erwarb die Gemeinde den Bauplatz, auf dem dann die Kirche von 1711 bis 1718 aufwuchs. Giusti arbeitete zunächst nach einem Plan Johann Dientzenhofers und seit 1713 nach einem eigenen Entwurf. Am 4. November 1718 weihte der Bischof Steffani das Gotteshaus dem heiligen Papst Clemens Romanus, dem dritten Nachfolger des heiligen Petrus.

Auf der Attika über dem Hauptportal stehen seit 1966 die von Kurt Schwippert aus Obernkirchener Sandstein gearbeiteten Statuen Kaiser Heinrichs II., der heiligen Elisabeth von Thüringen, der heiligen Hedwig von Schlesien und des Papstes Clemens. Die Bronzeportale mit Darstellungen der Wiederkunft Christi und der Bergpredigt schuf Gerhard Bücker. In der Kirche sollte man zunächst den schönen Raum mit der beherrschenden Kuppel auf sich wirken lassen. In einer Nische links vom Hauptportal steht die silberne Muttergottes von Otto Breuing. Den Weg zum Hochaltar begleiten auf beiden Seiten je sieben bronzene Kreuzwegstationen von Gerhard Bücker. Im Zentralraum unter der Kuppel mit der in Metallbuchstaben angebrachten Inschrift »Credo in unam sanctam catholicam et apostolicam ecclesiam« (Ich glaube an eine heilige katholische und apostolische Kirche) steht seit 1968 der Hochaltar mit den Reliquien der heiligen Märtyrer Eulogius und Clarus und des 1988 selig gesprochenen Bischofs Niels Stensen.

Im Vorraum zur Krypta erinnert ein aus der Schlosskirche stammender Grabstein an den 1676 gestorbenen Bischof Valerio Maccioni. Nicht erhalten blieb die Ruhestätte des Venezianers Tommaso Giusti, »nostrae ecclesiae architectus«, der am 28. September 1729 im Alter von 85 Jahren in der Krypta beigesetzt wurde. Sein Hauptwerk, die Clemenskirche, aber hat mehr als ein Vierteljahrtausend überdauert und ist mit ihrer grünen Kuppel längst eins der Wahrzeichen von Hannover.

Hat Anna Margareta sich zu Tode geschnürt?

Hannovers ältester Gottesacker außerhalb der Stadtmauern ist der Nikolaifriedhof vor dem Steintor. Er wurde wohl schon vor 1300 angelegt für die Bewohner des Nikolaistifts und die Einwohner des von der Kreuzkirche abgetrennten Kirchspiels Hainholz mit Herrenhausen, Vahrenwald und List. 1350 setzte man hier die Opfer der ersten Pestepidemie bei. Schließlich diente er bis 1866 als Begräbnisplatz der Altstadt.

Die zum Nikolaistift gehörende Nikolaikapelle hatte ein Langhaus, das 1953 bis auf die jetzigen Reste abgebrochen wurde. Aufgrund einer Grabung datierte Helmut Plath den Bau des Gotteshauses zwischen 1250 und 1284. Den schönen gotischen Chor fügte man wohl um 1325 an, nachdem Johann vom Steinhaus 1323 den Hochaltar gestiftet hatte. Von 1869 bis 1914 wurde die Kapelle von der englischen Gemeinde benutzt.

Viele Grabsteine von dieser Kapelle findet man jetzt in und an der Marktkirche, aber einige blieben auch hier erhalten. So erinnert wenige Meter nach Norden ein Standmal, das Ludolf Witte geschaffen hat, an den tragischen Tod des Bildhauers Sutel. Hier lesen wir: »Anno Christi 1631 den 4. Aprilis abends zwischen 10 und eilf Uhr ist der erbar, kunstricher und wolerfahrener Meister Hiermias Sutelius, Nordheim(en)sis, Burger und Bilthaver in Hannove(r) durch einen Stic(h) ubers Hertz unschuldiglich, als er schon 2 Stunde auf seinem Bette gelegen und davon abgefordert worden, verwundet, darauf den elften eiusdem abents zwischen 8 und 9 Uhr in Gott saelich verscheiden, (seines) Alters im 44. Jahr, deren Seļen Gott gnade, und hat seine hinterlasne Witwe Lucke Zmedes ihrem libsten saligen Eheman dies Gedechtnis sezte(n) lassen«.

1901 schufen Karl Gundelach und Otto Lüer das Denkmal für den »Frühlingsdichter« Ludwig Heinrich Christoph Hölty mit dem Portätmedaillon unter der bronzenen Jünglingsgestalt und den Versen Lenaus auf dem Sockel. Kaum 28 Jahre alt, war Hölty am 1.

September 1776 in der Leinstraße gestorben und hatte auf diesem Friedhof ein »Begräbniß vor Fremde auf Verwesung« erhalten.

Zehn Jahre nach dem Nikolaifriedhof wurde 1876 nur wenige hundert Meter entfernt eine weitere Begräbnisstätte geschlossen, der Sankt-Andreas-Friedhof an der Langen Laube. Er war 1646 für die Einwohner der Calenberger Neustadt angelegt worden. Auch hier ruhen viele bekannte Hannoveraner. Gleich links vom Eingang an der Langen Laube stehen fünf gleichartige Denkmäler aus dem 19. Jahrhundert, die Ruhestätte der Familie Bahlsen. Wenige Meter weiter erinnert ein klassizistisches Grabmal an den Leibarzt Johann Stieglitz mit der Inschrift: »Zu helfen der leidenden Menschheit, zu streben nach Wahrheit, zu beglücken die Seinen, war bis zum letzten Athemzuge seines schönen Lebens heiliger Zweck«.

Wenige Schritte weiter zum »Conti-Hochhaus« liegt links die Grabplatte für den Königlich Großbritannischen Leibarzt Johann Georg Ritter von Zimmermann. Er war auch als Schriftsteller bekannt durch sein Buch »Über die Einsamkeit« und durch seine literarische Fehde mit dem Freiherrn Knigge. Man erzählt, als »Modearzt der vornehmen Welt« sei er auch an das Krankenbett des Preußenkönigs Friedrich II. gerufen worden. Der große Friedrich habe ihn gefragt: »Na, lieber Zimmermann, wie viel Menschen hat Er denn schon vom Leben zum Tode befördert?«. Schlagfertig habe der Hofrat geantwortet: »Nicht so viele wie Eure Majestät, und auch nicht mit dem gleichen Ruhm!«.

Im Nordteil erinnert eine moderne Grabplatte an den Generalmusikdirektor und Opernkomponisten Heinrich Marschner. Rechts dahinter tritt uns das »Schnürgretchen« oder die »geschnürte Jungfrau« entgegen. Es ist die fünfzehnjährige Anna Margareta Borcherding, laut Inschrift Tochter des »wollberühmten Pferdearztes« Johann Albrecht Borcherding, mit enggeschnürter Wespentaille. Von ihr erzählt die Sage, das Mädchen sei so eitel gewesen, dass es sich zu Tode geschnürt habe. Eine spätere Generation dichtete dann die mahnenden Zeilen:

»Wer wohl in unsrer Leinestadt
Die allerschönste Taille hat?
Es ist ein Mädchen, blond von Haar,
Sie liegt jetzt auf der Totenbahr'.
Warum? Das diene dir zur Lehr':
Sie schnürte das Korsett zu sehr!«.

Gegenüber wacht der »lange Christoph« in seiner stattlichen Größe von 2,48 Metern mit seiner Hellebarde, der Herzogliche Türhüter Christoph Münster, dessen Leichenstein 14 Taler gekostet hat.

An der Ostseite sehen wir die Grabsteine für die um 1691 gestorbenen türkischen Kriegsgefangenen Hammet und Hassan. Sie waren nach den moslemischen Gebräuchen mit dem Antlitz nach Mekka beigesetzt worden. Den Zweiten Weltkrieg überstanden beide Türkengräber unbeschädigt. Erst bei der Neugestaltung des Friedhofs wurden sie beseitigt. Später standen die beiden Steine des Hammet, »gleichgerichtet« mit den christlichen Gräbern, am Rande des Weges an der Nordostseite des Friedhofs. Hier findet man jetzt nur den einen Stein mit der deutschen Inschrift. Der mit der türkischen ist offenbar verschwunden.

Auch der Sankt-Andreas-Friedhof ist ein erhaltenswertes Denkmal hannoverscher Geschichte.

Von der Stadtverteidigung zur Gastronomie

Mit dem Großen Privileg von 1371 erhielten die Hannoveraner neben anderen Rechten das uneingeschränkte Eigentum an der Eilenriede. Im folgenden Jahrzehnt legten sie dort ihre äußere Verteidigungslinie an, etwa drei Kilometer vor der Stadtmauer mit ihren drei Toren und ungefähr 40 Türmen. Die neue Landwehr vor der Stadt war ein System aus mehreren Gräben und dichten, undurchdringlichen Hecken auf den dazwischen liegenden Wällen. Die Straßen und Wege aber sicherte man durch wehrhafte Warten wie den Lister und den Döhrener Turm.

Bald nach dem Bau dieser Türme nennen die Archivalien die ersten Namen der Wächter. Sie waren auch als Holzwärter für den jeweils angrenzenden Bereich der Eilenriede zuständig und hatten zuweilen noch Sonderaufgaben. So wurde vom Pferdeturm die nahe Pferdeweide des Rates betreut, und der Wächter des Lister Turms war für den Zustand des Schiffgrabens verantwortlich. Alle aber betrieben bald Waldwirtschaften, die zu beliebten Ausflugszielen wurden. Etwa 1670 wies der Stadtsekretär Falkenreich die Holzwärter an, dass »diejenigen, welche Broyhan schenken, sich nicht zum Gesöff setzen und inmittelst und dadurch den Holzdieben keine Gelegenheit zu stehlen geben sollen«.

1712 erbaute man das Neue Haus am Schiffgraben als Pesthospital. Aber die gefürchtete Krankheit blieb aus, und so wurde das Gebäude bald zum Sitz eines Holzwärters, der dann ebenfalls eine Gaststätte betrieb. Als der Bürgermeister Christian Ulrich Grupen 1739 seinen Stadtwald inspizierte, trafen sich die Beamten mittags mit den sieben Holzwärtern zu einer »Dienstbesprechung« am Pferdeturm. Dabei wurden eine Wildkeule, 25 Pfund Kalbfleisch, 22 Pfund Rindfleisch, acht Hühner und vier Pfund Hecht verzehrt.

Wie beliebt diese Wirtshäuser um 1800 waren, bezeugt das Tagebuch der Schwester des Hofmalers Ramberg und Gattin des Hofbuchhändlers Helwing, die immer wieder von Ausflügen zu diesen Zielen erzählt. Auch der

Marktkirchenpastor Hermann Wilhelm Bödeker und die Mitglieder seines »Norddeutschenmorgenpromenadenbeförderungsvereins« bevorzugten den Lister oder den Pferdeturm für ihre regelmäßigen Kaffeerunden.

1855 ernannte der Magistrat die Forstaufseher zu Unterförstern, aber bald darauf wurde eine Stelle nach der anderen aufgehoben. Schließlich wurde aus der letzten Holzwärterstelle am Pferdeturm das heutige Stadtforstamt. Es betreut nicht nur die Eilenriede und den Tiergarten, sondern auch die städtischen Forsten Seelhorst, Mecklenheide und Marienwerder und weitere Waldgebiete außerhalb Hannovers. Von den Gaststätten aber sind jetzt nur noch Bischofshol und Steuerndieb in modernem Gewand erhalten. Aber so mancher ältere Hannoveraner denkt wohl noch gern an die Zeit zurück, als man mit Kuchen- oder Stullenpaketen in die Eilenriede wanderte und am Eingang der Waldwirtschaften lesen konnte: »Hier können Familien Kaffee kochen!«.

Die Sage vom Hundestein ist ein frommes Märchen

Am Königsworther Platz stehen einige alte Linden. Als sie an dieser nordwestlichen Ecke gepflanzt wurden, residierte Hannovers Kurfürst Georg Ludwig als König Georg I. in London und kam nur noch selten in seine deutsche Heimat. Aber 1726 erhielt sein Hofgärtner Ernst August Charbonnier den Auftrag, eine Allee zum kurfürstlichen Sommersitz Herrenhausen anzulegen. Charbonniers Vater Martin war ebenfalls Hofgärtner in Hannover und hatte den Großen Garten um 1700 so vollendet, wie er im Wesentlichen bis heute erhalten geblieben ist. Sein Sohn aber schuf nun als Zugang zu den Herrenhäuser Königsgärten die fast zwei Kilometer lange Allee mit 1312 Linden in vier Reihen. Nach den Schäden des Zweiten Weltkriegs wurden die alten Bäume 1972 durch neue ersetzt.

Die Adelsgärten südwestlich der Allee erwarb später Reichsgraf Johann Ludwig von Wallmoden-Gimborn und legte hier nach 1768 den Georgengarten an, einen Park im Stil der romantischen Naturlandschaft. 1818 kam der Georgengarten in die Hand des Welfenhauses und wurde von 1835 an durch Heinrich Ludolf Wendland und Christian Schaumburg als Landschaftsgarten neu gestaltet. 1921 ging der Garten in den Besitz der Stadt Hannover über.

Der Reichsgraf von Wallmoden-Gimborn, ein unehelicher Sohn König Georgs II., ließ bis 1782 von Johann Christoph Täntzel um ein älteres Palais, das später nach König Georg IV. benannte »Georgenpalais«, das Wallmodenschlösschen erbauen. Es wurde 1950 zum Wilhelm-Busch-Museum und ist seit 1986 das »Deutsche Museum für Karikatur und kritische Grafik«. Vom Wallmodenschen Garten blieb nur ein Obelisk erhalten, den man »Hundestein« nennt. Die Sage erzählt, die Prinzessin Sophie Charlotte, Tochter des Kurfürsten Ernst August und der Kurfürstin Sophie, sei beim Spielen mit ihrem Windhund, einem Geschenk des russischen Zaren Peter des Großen, an dieser Stelle vom steilen Grabenrand ins Wasser gerutscht, und der treue Hund habe sie gerettet.

Hier haben die Historiker manches auszusetzen: Sophie Charlotte, später Gattin des ersten Preußenkönigs Friedrich I. und Namenspatin des Berliner Stadtteils Charlottenburg, wuchs in Osnabrück auf, der Bischofsresidenz ihres Vaters, und kam erst als zwölfjähriges, nicht mehr rettungsbedürftiges Mädchen nach Hannover. Zar Peter der Große war vier Jahre jünger als die Prinzessin. Er besuchte Hannover erst 1713, als Sophie Charlotte schon gestorben war. Und den Obelisken, der aus Wieckenberg stammen soll, ließ der Reichsgraf von Wallmoden-Gimborn sogar erst 1777 in seinem Park aufstellen.

Seit 1935 spiegelt sich der Leibniztempel mit seinen zwölf ionischen Säulen in einem der stillen Teiche. Der Tempel wurde 1790 von Johann Daniel Ramberg, dem Vater des Hofmalers, entworfen und auf der Esplanade am späteren Waterlooplatz erbaut. Dort stand er bis zu seiner Umsetzung in den Georgengarten. Eine von Christopher Hewetson in

Rom geschaffene Büste erinnert hier an den Philosophen Gottfried Wilhelm Leibniz. Die Tempelinschrift GENIO LEIBNITII soll von dem Göttinger Philologen Christian Gottlob Heyne stammen.

Unterhalb der Stadtbahnhaltestelle steht seit 1928 die Muschelkalkstele mit dem 1950 von Friedrich Adolf Sötebier nachgeschaffenen Bronze-Kopfrelief des Bäckermeisters und Getreidehändlers Johann Gerhard Helmke. Laut Überlieferung soll dieser 1807 die ganze Allee von den Franzosen gekauft und damit vor der Abholzung bewahrt haben. Der Blickpunkt, auf den die schnurgerade Allee zuführt, ist der Bibliothekspavillon jenseits der Herrenhäuser Straße, eins der ersten Werke von Laves. Nur noch wenige Schritte nach links, und wir haben den Eingang zum Großen Garten erreicht.

Nach dem Krieg wuchsen im Großen Garten Kartoffeln

»Jedermann ist erlaubt, sich im kön(i)gl(ichen) Garten eine Veränderung zu machen, gemeinen Leuten wird jedoch bey Leibes-Strafe verboten, I. keine Statüen und andere freystehende Sachen zu beschädigen, II. nicht nach den Schwänen zu werfen oder solche auf ihren Brüte-Teichen zu beunruhigen, III. keine Hünde mit in den Garten zu nehmen, IV. die Nachtigallen weder zu fangen noch zu stöhren, V. sich der Bäncke bey der grossen Fontaine nur alsdann zu bedienen, wenn solche für Standes-Personen oder vornehmen Fremde nicht nöthig fallen, VI. der angestelleten Wache, so mit dem Zeichen GR an der Brust versehen, nicht zu trotzen«. So lesen wir am früheren Eingang zum Großen Garten auf der altersgrauen, nach neuerer Forschung 1777 entstandenen Steintafel.

Mitten in der Notzeit des Dreißigjährigen Krieges, 1636, hatte der Herzog Georg zu Braunschweig und Lüneburg die größte Stadt seines Fürstentums Calenberg, Hannover, zu seiner Residenz bestimmt. Zwei Jahre darauf erwarb er einen Vollmeierhof in Höringhausen, um dort ein Vorwerk zur Versorgung seines Hofstaates anzulegen. Daraus wurde bald ein Wirtschaftshof mit einer Meierei und einem fürstlichen Absteigequartier. In den nächsten Jahren kamen auch die beiden anderen Vollmeierhöfe in den Besitz des Herzogs und dazu sechs Kötnerstellen, für die an anderer Stelle Ersatz geschaffen wurde. Weitere Kötnerstellen und mehrere Halbmeierhöfe verlegte man 1677 und 1697, um die inzwischen entstandenen Gartenanlagen erweitern zu können. Man hat den Eindruck, das ganze Dorf sei von 1638 bis 1707 um einige hundert Meter nach Westen »gewandert«.

Die große Zeit des Bauerndorfes begann 1665 mit dem Regierungsantritt Johann Friedrichs. Er wollte sich hier einen Landsitz schaffen, wie er es bei den Villen des venezianischen Adels auf der »Terraferma« gesehen hatte. Vielleicht errichtete sein Bauverwalter Lorenzo Bedogni hier das erste Lusthaus, wobei er Teile des beim Amtssitz Koldingen abgerissenen Schlösschens Lauenstadt verwandt haben soll. Es ist das »Schloss Herichhausen«, das Johann Joachim Zeuner um 1670 aquarelliert hat. Wie der Chronist Johann Heinrich Redecker zum Jahre 1666 berichtet, »ließ der Hertzog das Lusthaus und den Garten zu Hörninghausen, nunc Herrenhausen, nur zu seinem Behelf anlegen«, wohl vom Hofgärtner Michael Große gestaltet. Nach 1675 vergrößerte Anton Heinrich Bauer den Garten unter Anleitung des Franzosen Henri Perronet, wobei die ersten Wasserkünste und Kaskaden angelegt wurden.

Johann Friedrichs Bruder und Nachfolger Ernst August holte 1682 seinen Osnabrücker Hofgärtner Martin Charbonnier nach Herrenhausen. Dieser gestaltete seit 1669 den Südteil des Gartens nach holländischen Vorbildern und gab auch dem »Luststück« die im Wesentlichen bis heute erhaltene Form. 1692 erhielt Ernst August die neunte Kurfürstenwürde des Reiches. Mit dem Bau des Galeriegebäudes und der Anlage von Königsbusch und Gartentheater wollte er wohl dem jungen Kurfürstentum eine Residenz schaffen, die dieser Würde angemessen war. Doch dazu kam es nicht mehr, weil der Kurfürst schon 1698 starb.

Seine Witwe Sophie versammelte hier jenen Freundeskreis, zu dem Leibniz, Steffani und zeitweise Händel gehörten. Hier begann die Kultur der Musenhöfe, wie sie von Sophies Tochter Sophie Charlotte, der ersten Königin Preußens, in Charlottenburg und von Sophies Ur-Ur-Enkelin Anna Amalie im Weimar Goethes und Schillers fortgesetzt wurde. Sophie, eine Enkelin König Jakobs I. Stuart von Großbritannien, empfing 1701 die Sukzessionsakte, mit der sie und ihre Nachkommen zur englischen Thronfolge berufen wurden. Doch Sophie sollte die britische Krone nicht mehr tragen, denn die Vierundachtzigjährige starb zwei Monate vor der Königin Anna am 8. Juni 1714 mitten in ihrem Garten. Hier erinnert heute das 1866 von Wilhelm Engelhard geschaffene Marmordenkmal an sie. Sophies Sohn aber, der Kurfürst Georg Ludwig, wurde am 12. August 1714 zum König Georg I. von Großbritannien. Die bis 1837 währende Personalunion nahm ihren Anfang.

Zum Problem wurde immer wieder die Wasserzufuhr zu den Fontänen. 1676 legte man auf einem Sandberg nordwestlich des Schlosses den ersten Hochbehälter an, der sein Wasser durch Röhrenleitungen vom Lindener Küchengarten und vom Benther Berg erhielt. Seit 1690 bemühte man sich um eine Zuführung des Wassers aus der Leine – auch Leibniz war daran beteiligt –, und 1718 wurde die Leine gestaut und der Ernst-August-Kanal angelegt. Mit Hilfe einer neuen Wasserkunst gelang es 1720, die Große Fontäne mit etwa 36 Metern Höhe zum Springen zu bringen.

Während der Personalunion mit Großbritannien wurden die Gärten kaum verändert. Doch nach ihrem Ende wurde Herrenhausen von 1837 bis 1866 noch einmal Sommerresidenz der Welfenkönige. Später versank es wieder in einen »Dornröschenschlaf«. Dann aber erwarb die Stadt Hannover 1936 den Schloss- und Gartenbezirk mit Ausnahme der

Gebäude und eines Teils des Berggartens. Die Gärten wurden auf neuen Glanz gebracht, und 1937 übergab der Oberbürgermeister Arthur Menge den Gartenbezirk der Öffentlichkeit.

Wenige Jahre später war das Schloss ein Trümmerhaufen, der Große Garten war von Bomben umgepflügt, und auf den Rabatten des Parterres wuchsen Kartoffeln. Doch nach der Währungsreform ging man schnell an den Wiederaufbau, und seit 1956 lässt eine moderne Umwälzpumpe den Strahl der Großen Fontäne bei günstigem Wetter auf 82 Meter steigen.

Machen wir uns hier im Königlichen Garten »eine Veränderung«. Zwar ist das Schloss nach seiner Zerstörung nicht wiedererstanden, aber ein Bezugspunkt des Großen Gartens und des Berggartens ist heute die Sonnenuhr Brand Westermanns von 1713. Sie zeigt nicht die mitteleuropäische, sondern die hannoversche Ortszeit. Das metallene Zifferblatt dürfte sie wohl nach 1714 erhalten haben, weil sich sonst die Initialen G. R. – Georgius Rex – unter der

Königskrone nicht erklären ließen.

Die 1676 errichtete Grotte auf der rechten Seite hatte der Augsburger Grottenbauer Michael Riggus mit Muscheln, Kristallen und Glasflüssen ausgestattet. Sie ist jetzt nach Plänen von Niki de Saint Phalle umgestaltet. Auf der Grotte stehen die neun Bronzefiguren des Meeresgottes Neptun und seiner acht Putten. Links blieb die ebenfalls 1676 entstandene Große Kaskade des Hofbauverwalters Hieronimo Sartorio und des französischen Fontänenmeisters Cadart wesentlich besser erhalten. Von der Balustrade mit den Sandsteinfiguren antiker Götter hat man einen guten Überblick über das »Luststück«. Die Figuren aus der römischen Götterwelt in den Nischen könnten von Pieter van Emthusen sein, während die auf der Balustrade von Jean Arnaud Villers stammen.

Das große rechteckige »Luststück« mit seinen Blumenbeeten wurde bereits 1666 von Michael Große angelegt, aber dann mehrmals verändert. Die Vorgängerin der heutigen Glockenfontäne mit ihren 167 Strahlen schuf

Henri Perronet etwa 1675. Hinter der Baumwand im Süden beleben 40 Springstrahlen die Schwanenteiche, vier flache, steinerne Wasserbecken. Die 32 Sandsteinplastiken, welche die Rechtecke des »Luststücks« einfassen, bilden ein ganzes Programm von antiken Göttern, figürlichen Symbolen für Erdteile, Elemente und Jahreszeiten und von Entführungsszenen. Vielleicht war Pieter van Emthusen aus Nimwegen um 1680 daran beteiligt, aber auch Thomas Konrad Nicolassen und der Holländer Arnold Roßfeld könnten hier mitgearbeitet haben. Um 1708 schufen Christian Vick die Steinvasen mit den Jahreszeiten und den Elementen und Antonio Laghi die vier Entführungsgruppen.

Von der Aussichtsterrasse am Westrand des Gartens blickt man noch einmal über das »Luststück« zur Fassade des Galeriegebäudes. Südlich der vier Schwanenteiche liegen die 1937 angelegten Sondergärten mit Beispielen aus der Geschichte der Gartenkunst. Dann beginnen die Boskette, hinter hohen Hecken verborgene lauschige Plätzchen, um die vier kleineren Fontänen und die Große Fontäne. Die Graft, ein breiter Wassergraben, begrenzt den Großen Garten im Westen, Süden und Osten. In den beiden Ecken stehen die von Louis Remy de la Fosse entworfenen Pavillons mit Sandsteinbüsten antiker Philosophen von Johann Friedrich Blasius Ziesenis.

Kehren wir auf der Ostseite zum Ausgang zurück, sehen wir rechts die 1840 von Laves erbaute Friederikenbrücke über die Graft, die Verbindung zum Georgengarten. Durch das »Lindenstück« kommen wir zum Gartentheater, mit dessen Anlage 1689 begonnen wurde, vielleicht das älteste Heckentheater. Die Hainbuchenhecken verjüngen sich trapezförmig nach hinten, um einen längeren Bühnenraum vorzutäuschen. Die vergoldeten Bleifiguren sind Nachbildungen antiker Standbilder.

Zwischen Gartentheater und Galeriegebäude »verewigen« vier Statuen die bedeutendsten Welfen von 1636 bis 1727, den Herzog Georg von Calenberg, den Kurfürsten Ernst August und seine Gattin Sophie und ihren

Sohn Georg Ludwig, seit 1714 König Georg I. von Großbritannien. Vielleicht stammen auch diese Figuren von Arnold Roßfeld. Die vier »geschachzabelten« Quadrate des Gartens vor dem Galeriegebäude tragen im Sommer jeweils 16 Orangenbäume auf ihren Feldern. Vor dem Springbrunnen ist das Wappen der Landeshauptstadt Hannover gärtnerisch gestaltet und vor dem Hauptportal des Galeriegebäudes das des Kurfürsten Ernst August von 1692. Das Galeriegebäude ersetzt heute gewissermaßen das im Zweiten Weltkrieg vernichtete Schloss, aber »Herrenhausen« ist in Hannover immer noch ein Begriff für die Residenz der Welfenkönige.

Aus dem Küchengarten wurde ein Orchideenparadies

Als ich bei einer Stadtrundfahrt die rumänische Rugby-Nationalmannschaft durch den Großen Garten führte, fragte mich die aus Siebenbürgen stammende Dolmetscherin: »Sagen Sie einmal, ist hier in Herrenhausen nicht auch die weltberühmte Orchideensammlung?« Ich war so verblüfft, dass ich den Rundgang durch den Garten gleich abkürzte und mit den Gästen in den Berggarten ging, um ihnen die Orchideenpracht in den Schauhäusern zu zeigen. Sie waren begeistert wie alle Besucher des Berggartens.

1660 hatte der Herzog Johann Friedrich auf dem Dünenrücken, der sich durch die heutige Nordstadt nach Herrenhausen zog, auch einen Küchengarten angelegt. Das Gelände liegt etwas höher als der Große Garten, und so hieß es bald »Berggarten«. Schon 1686 entstand das erste Gewächshaus. Neben den Anbau von Gemüse und Früchten für die Hofküche trat bald der Ankauf seltener,

fremder Pflanzen. Doch nicht immer gelangen die Versuche, hier Reis, Tabak und Maulbeerbäume anzubauen.
Gut ein halbes Jahrhundert später waren alle Nutzpflanzen in den Lindener Küchengarten verbannt, und im Berggarten pflegte man nur noch die botanischen Kostbarkeiten. 1757 entstand das erste Ananashaus, und bald wuchsen hier auch Palmen und Kaffeebäume. Am Bibliothekspavillon erinnern zwei Tafeln an den Botaniker Friedrich Ehrhart und an die Hofgärtner Johann Christoph, Heinrich Ludolph und Hermann Wendland. Sie betreuten den Garten von 1780 bis 1903.

Im Berggarten blühte am 15. Juni 1851 die erste Victoria regia auf dem europäischen Festland und 1858 die Flamingoblume, die Hermann Wendland aus Costa Rica mitgebracht hatte. 1891 beschrieb er erstmals das Usambara-Veilchen und führte es in Europa ein. In seinem Todesjahr 1903 bezeichnete eine englische Gartenzeitschrift Wendlands Orchideensammlung als die umfangreichste Europas. Die wissenschaftliche Bedeutung dieses Gartens kennzeichnete Karl-Heinrich Meyer einmal damit, »dass 829 Pflanzenarten und Variationen im Berggarten ihre wissenschaftliche Erstbeschreibung und Namensgebung erhielten. Drei Gattungen und 96 Pflanzenarten tragen außerdem ihre Namen zu Ehren der Wendlands, so dass der Berggarten aus der Geschichte der Botanik nicht wegzudenken ist«.

Den Bibliothekspavillon errichtete 1817 der damals 29 Jahre alte Hofbaumeister Georg Ludwig Friedrich Laves als Wohnhaus für den Gartenmeister. Von 1852 bis 1936 war hier die Wendlandsche Gartenbibliothek und Herbariensammlung aufgestellt, und seitdem spricht man vom »Bibliothekspavillon«. Auf einem Sandsteinsockel zwischen dem Pavillon und den Schauhäusern steht die Nachbildung der jetzt im Historischen Museum am Hohen Ufer aufbewahrten Sonnenuhr des englischen Hofmechanikermeisters John Rowley von 1719. Die gravierte Scheibe aus vergoldeter Bronze ist genau auf die hannoversche Ortszeit, 52 1/2 Grad nördlicher Länge, eingestellt.

Stundenlang könnte man in den 1957 von Siegfried Erlhoff erbauten Schauhäusern verweilen mit ihrer blühenden Pracht an Orchideen, Kakteen und anderen fremden Pflanzen. Nicht weniger interessant ist das Kleine Schauhaus mit Pflanzen von den Kanarischen Inseln. Das neueste Bauwerk aber ist das Regenwaldhaus mit mehr als 7000 Pflanzen aus dem brasilianischen Bergregenwald, belebt mit Vögeln, Schmetterlingen und Fledermäusen.

Der Moorsee leitet über zum Eichenhain und zum Mausoleum der Welfenkönige. Im Forst Kananohe bei Engelbostel hatte Heinrich Wendland 36 stattliche Eichen ausgewählt und 1844 jeden Baum mit 16 Pferden und einem dafür besonders konstruierten Wagen nach Herrenhausen schaffen lassen. Noch heute geben 32 dieser Eichen dem Mausoleum einen würdigen Rahmen. Nach dem Tode der Königin Friederike hatte Laves vom König den Auftrag erhalten, ein Mausoleum zu entwerfen. Es sollte am Ende der Lindenallee von 1727 stehen, genau in der Hauptachse des

Schlosses und des Großen Gartens jenseits der Landstraße nach Nienburg. 1847 war der würfelförmige Baukörper mit der halbkreisförmigen Apsis und dem Portikus mit den vier dorischen Säulen fertig gestellt.

Die beiden Sarkophage aus weißem Carraramarmor mit den lebensgroßen Figuren von Ernst August und seiner Gattin schuf Christian Rauch. 1957 überführte man die Särge aus der Gruft unter der Schlosskirche des Leineschlosses, das damals als Landtagsgebäude wiederaufgebaut wurde, in dieses Mausoleum. Seitdem ruhen hier auch König Georg I. von Großbritannien, der 1727 auf der Rückreise von Hannover nach London in Osnabrück starb, das Kurfürstenpaar Ernst August und Sophie, der Herzog Johann Friedrich und andere Angehörige des Welfenhauses. Vor dem Mausoleum, das nicht öffentlich zugänglich ist, wurde 1953 der letzte Herzog von Braunschweig, Ernst August, beigesetzt und 1980 dessen Gattin Viktoria Luise, die Tochter Kaiser Wilhelms II.

Östlich des Burgwegs beherbergen langgestreckte gelbe Gebäude die Fakultät für Gartenbau und Landeskultur der Universität Hannover. Auch in der modernen Gartenwissenschaft hat der Name »Herrenhausen« seinen hervorragenden Ruf bewahrt.

Lieselotte nannte ihn einen »possirlichen Pfarher«

»In Limmer werd et alle Dage slimmer. In Ahlem is ok nix to halen. In Velber da slachten die Buern de Kälber un freten se selber. Aber mine leven Davenstedter, die haben mir einen schönen Block vors Haus gefahren für meinen Ofen. Gott lasse sie noch lange leben, so werden sie mir nächstes Jahr wieder einen geben«. Diesen »Merkspruch« schreibt der Volksmund Limmers berühmtestem Sohn zu, dem Pastor Jacobus Sackmann. Gehörten doch zu seinem Kirchspiel auch Ahlem, Velber und Davenstedt. Die Straße, an der Limmers Gotteshaus, die Nikolaikirche, steht, heißt selbstverständlich »Sackmannstraße«. Auf dem Rasen vor der Kirche enthüllte man 1913 den vom »Sackmann-Verein« gestifteten Granitblock aus der »Steinernen Renne« im Harz mit dem Porträt des Pastors auf der von Karl Gundelach geschaffenen Bronzeplakette.

»Lembere« wird zuerst in der Stiftungsurkunde des Hildesheimer Michaelisklosters von 1022 erwähnt, deren Echtheit allerdings umstritten ist. Max Mittelhäußer deutet den Ortsnamen als »Zu den Kalkbergen«. 1189 belagerte Barbarossas Sohn Heinrich VI. beim Kriegszug gegen die Gefolgsleute Heinrichs des Löwen das »Castrum Lembere« des Grafen Conrad I. von Roden. Vor der Nikolaikirche erinnert ein Stein an diese Burg. Sie soll aber nicht hier gelegen haben, sondern war wohl eine Niederungsburg in der Leinemasch, etwa an der Stelle des Ernst-August-Kanals.

Schon 1230 war ein »dominus Hartmodus de Limbere sacerdos«, ein Priester Hartmut, Zeuge eines Landverkaufs. Zwei Jahrzehnte später besaß das Kloster Marienwerder das Patronat über die Kirche, deren Schutzheiliger Sankt Nikolaus war. Hier also predigte Jacobus Sackmann, dessen vielleicht von Christoph Bernhard Francke geschaffenes Porträt noch heute in der Kirche hängt. Der 1643 in der hannoverschen Neustadt Geborene besuchte die »hohe Schule« seiner Vaterstadt und das Gymnasium Illustre in Bremen und studierte in Jena und vielleicht auch in Rinteln. 1670 beschloss er seine Ausbildung im Kloster Loccum, und 1674 erlebte er, wohl als Regimentspfarrer, die Schlacht bei Trier. Seit 1680 war er dann Pfarrer in Limmer.

Mit Sackmanns Namen verbindet man kernige Predigten, oft im Calenberger Platt, aber es gibt nur vier »echte« Predigten, die wirklich von ihm stammen sollen. Meistens begann er seine Predigten auf Hochdeutsch und zitierte auch den Bibeltext in der Sprache Luthers. Dann verfiel er aber in die Calenberger Mundart, wenn er den Bauern das Wort Gottes erklären oder ihnen einmal die Meinung sagen wollte. Dass Sackmann schon zu seinen Lebzeiten weithin bekannt war, beweisen die Briefe der Lieselotte von der Pfalz, Nichte der Kurfürstin Sophie. Sie tadelt den »possirlichen Pfarher von Lemer« wegen seiner Angriffe auf die zum katholischen Glauben konvertierten Angehörigen des Welfenhauses. Drei Jahr vor seinem Tode überließ Sackmann die Kanzel seinem Nachfolger Ludolf Vietken, dem

Sohn seines Lindener Amtsbruders. Jacobus Sackmann starb am 21. Mai 1718.

Beim Stadtteilnamen »Limmer« denkt man in Hannover nicht nur an Sackmann, sondern auch an den Limmerbrunnen. Wie der Lokalhistoriker Heinrich Busse schrieb, »unternahm der Botaniker Friedrich Erhart in der Morgenfrühe des 15. September 1779 einen seiner gewohnten Ausflüge in die nähere Umgebung Hannovers. Er wollte diesmal einige Kryptogamisten (Sporenpflanzen) sammeln und hoffte, sie in dem Limmer- oder Davenstedterholze zu finden«. Dort aber stieß der Botaniker, der schon die Davenstedter Salzquellen entdeckt hatte, auf die Schwefelquelle. Die Bauern hatten sich seit langem erzählt, dort sei es nicht geheuer. Und Daniel Eberhard Baring schrieb 1743 von einem Gesundbrunnen bei Velber, »dessen sich vor Zeiten eine gewisse Jungfer bedienet, welche nach erlangter Gesundheit zur Dankbarkeit an die Kapelle zu Felber gewisse Einkünfte zu Wachslichten gemacht«.

Nachdem Ehrhart seine Entdeckung veröffentlicht hatte, ließen Kranke das heilkräftige Wasser zum Trinken oder zum Baden holen. 1781 mag dann der Blumenauer Amtmann das Einfassen der Quelle veranlasst haben. Drei Jahre später erweiterte man die Anlage. Nun sollen die beiden Quellen in jeder Stunde etwa 600 Liter Wasser geliefert haben. Es kam zu einem Badebetrieb in Bretterbuden und Zelten mit Spiel und Tanz, Speisen und Getränken. Nach dem Bau eines Badehauses wurde die Saison 1794 mit drei Wannenbädern, zwei Duschen und einem Dampfbad eröffnet. Sechs Jahre später zählte man 408 Gäste.

1807 entstand ein Logierhaus und 1813 ein zweites Gasthaus. Aber 1819 bemerkte Burchard Christian von Spilcker, dass »die wenigsten Badegäste indessen am Badeorte wohnen; einige beziehen das nahe Dorf Limmer und die mehrsten bleiben in der Stadt Hannover«. Schon 1824 war das Bad der Nenndorfer Konkurrenz nicht mehr gewachsen, und 1872 kam es in Privatbesitz. Berühmtester Gast in Limmer soll der spätere russische Zar Alexander II. gewesen sein, der 1838 krank in Herrenhausen angekommen war. Im Todesjahr des letzten Eigentümers, 1961, verabreichte man noch 11.000 Bäder. Dann wurde der Badebetrieb eingestellt, und 1976 brannte die Gaststätte ab.

In Limmer fließt das heilkräftige Schwefelwasser noch immer, aber der Traum von der »Landeshauptstadt Bad Hannover« ist wohl ausgeträumt…

Bis 1885 war Linden das größte »Industriedorf«

Zwischen 1115 und 1119 ließ der Graf Widukind von Schwalenberg eine Urkunde »in loco Linden« ausstellen, dem Gerichtssitz des Marstemgaus. Es ist die erste Erwähnung des Ortes, wo dieses Gericht vielleicht unter den Linden nahe dem Ihmeufer tagte. Und bereits 1280 war hier die Familie von Alten ansässig. Am Eingang zum Von-Alten-Garten an der Posthornstraße steht ein uralter, moosübergrünter Stein. Er soll an den Ritter Brüning von Alten erinnern, der 1413 bei einem Kampf mit den Rittern Hermann und Brant von Haus getötet wurde.

Die bekannteste ältere Ansicht der heutigen Landeshauptstadt ist der Kupferstich der »Fürstlich Braunschweig-Lüneburgischen Residentz-Statt Hannover« in der 1654 bei den Merianschen Erben in Frankfurt am Main erschienenen »Topographie der Herzogtümer Braunschweig und Lüneburg«. Die Vorzeichnung hierfür fertigte der Hofkupferstecher Conrad Buno im September 1652. Es ist der Blick vom Lindener Berg auf die Stadt mit ihren damals modernsten Festungsbastionen und den stolzen Glockentürmen der Kirchen. Vorn rechts sieht man die Holländerwindmühle mit dem drehbaren Oberteil auf dem Gipfel der »Lindener Alpen«. Links hinter dem Kalksteinbruch verteilen sich die Bauernhäuser des Dorfes Linden um die Martinskirche. Davor glaubt man sogar die «zwölf Apostel« zu erkennen, die schmalen Häuschen der Kirchhöfner.

1689 ist Linden mit 454 Einwohnern das größte Dorf im Fürstentum Calenberg. Im Jahr zuvor hatte die Familie von Alten ihr Gut an den Oberhofmarschall von Platen verpfändet. Er kaufte mehrere Höfe hinzu und errichtete westlich des heutigen Eingangs zum Von-Alten-Garten sein Schloss als Mittelpunkt des 77 Hektar großen Barockgartens, der damals den Herrenhäuser Anlagen kaum nachstand. Erst 1816 erhielten die von Alten ihr Eigentum zurück. Das Schloss aber wurde 1945 durch Bomben zerstört.

Um 1700 ließ der Reichsgraf von Platen-Hallermund eine Leinewebersiedlung anlegen, die heutige Weberstraße. Auch andere Gewerbe richtete er in seinem Gutsbezirk ein. Seit 1740 war Linden Endpunkt der Schifffahrt von Bremen über Weser, Aller, Leine und Ihme. Drei Jahrzehnte später entstand an der Blumenauer Straße der Speicher des Berghandlungs-Comptoirs für die aus dem Harz angelieferten Bergbauprodukte. Gegen 1800 aber wurde Linden zugleich ein Villenvorort Hannovers. Und bald darauf ließ Johann Egestorff von Laves das Gasthaus auf dem Lindener Berg erbauen.

Egestorff hatte 1803 eine Kalkbrennerei übernommen und ihr einen Holz- und Steinhandel angegliedert. Ein Jahrzehnt später hatte er 32 Brennöfen im Betrieb. Schiffszüge brachten die Waren nach Bremen und kamen mit Rohzucker zurück, den Egestorff in der ersten Zuckerfabrik des Calenberger Landes verarbeiten ließ. Steinkohlenbergwerke am Deister und eine Ziegelei kamen hinzu, und als Egestorff 1834 starb, beschäftigte sein

»Konzern« etwa 400 Arbeiter. Sein Sohn Georg gründete 1835 eine Eisengießerei und Maschinenfabrik, aus der sich später die »Hanomag« entwickelte.

Andere Unternehmen folgten, und bald darauf war Linden der größte Industriestandort des Königreichs Hannover. Bis 1871 stieg die Einwohnerzahl auf 16.676. So wurde »Preußens größtes Dorf« am 1. April 1885 mit etwa 25.000 Einwohnern zur Stadt. Und gut 83.000 waren es, als man Linden am 1. Januar 1920 mit der Schwesterstadt Hannover vereinigte. Ein gesundes Selbstbewusstsein ist den Lindenern geblieben. Fahren sie doch noch heute, wenn sie die Ihme überqueren, »nach Hannover«...

Pünktlich zur Stadterhebung hatte Linden auch sein »standesgemäßes« Rathaus am »Schwarzen Bären« erhalten. Ein Jahrzehnt später aber war es bereits zu klein, und so wurde 1899 das stolze, von Emil Seydel geplante Rathaus am Lindener Markt bezogen. Dieser Platz wurde nun zum Mittelpunkt der Stadt, und von der Rathausfassade am Beginn der Egestorffstraße grüßt das Mosaik des Lindener Stadtwappens mit dem roten Löwen der Grafen von Roden vor dem braunen Lindenbaum mit grünen Blättern auf blau-weiß gestreiftem Grund.

Auf dem Marktplatz steht der Nachtwächter mit Hellebarde, Laterne und Signalhorn auf seinem Granitsockel, zu seinen Füßen der treue Hund. Eine Bürgerinitiative hatte den Brunnen gestiftet, und am 20. September 1896 fiel die Hülle des Denkmals. Der Schöpfer der Bronzegestalt, die schnell zu einem Wahrzeichen Lindens wurde, war der Berliner Bildhauer Hans Dammann. Der Marktplatz aber ist immer noch der Mittelpunkt der »heimlichen Stadt« Linden.

Der Uhrturm erinnert noch an die »Döhrener Wolle«

Irgendwann zwischen dem 25. Dezember 983 und dem 19. Februar 993 kamen mehrere Männer zusammen, um auf Anordnung Kaiser Ottos III. die wohl umstrittene Grenze zwischen Ostfalen und Engern und damit zwischen den Bistümern Hildesheim und Minden festzulegen. Zu ihnen gehörten »Bernhard Bidonis filius de Ondertunum, Poppo et Aedthelhard de Thurnithi, Hrothger de Glethingi«, Einwohner aus Anderten, Döhren und Gleidingen. Diese im Original nicht mehr vorhandene Aufzeichnung gilt als Geburtsurkunde des tausendjährigen Döhren, das seit 1907 zu Hannover gehört.

Heinrich Wanner leitete den Ortsnamen »Thurnithi«, der über »Dornede« und »Dornde« zu »Döhren« wurde, zunächst von einem Heiligtum des Thor oder Donar ab. Aber später berichtigte er sich mit der Deutung des Namens als »Dornenwald«. Aus den folgenden drei Jahrhunderten ist kein weiteres

Dokument bekannt, das sich zweifelsfrei auf dieses Döhren bezieht. Erst 1311 verkaufen Adelheid, die Witwe Ludwigs »quondam dicti de Dornede«, und ihre Söhne dem Kloster Marienrode Grundbesitz in Laatzen. Die zuerst 1320 erwähnte Kirche, nach einer Urkunde von 1507 dem heiligen Petrus geweiht, war das Gotteshaus des »Kleinen Freien«, zu dem auch Wülfel und Laatzen gehörten. 1681 kam dieser Teil des lüneburgischen Amts Ilten zum calenbergischen Amt Koldingen. Das »Freie« soll eine Ansiedlung fränkischer Wehrbauern aus der Zeit Karls des Großen gewesen sein.

Am Südrand Döhrens lag einer der größten »Industriebetriebe« des Calenberger Landes, die schon 1402 erwähnte Wassermühle. Seit 1652 gehörte sie dem Großkaufmann Johann Duve, und 1703 erwarb sie der hannoversche Magistrat. Damals waren mehrere große Höfe im Besitz von Hofbeamten. Ihre Ehefrauen legten zuweilen Gärten als »Klein-Herrenhausen« an. Daran erinnern der »Wiehbergpark« und der »Döhrener Maschpark«.

Vor etwa 150 Jahren entstanden hier mehre Ziegeleien. An die der Familie Fiedeler erinnert noch heute die Ziegelstraße. Noch bekannter wurde hier Friedrich Willmer, dessen Ziegeleien schließlich den ganzen Bereich zwischen der Landwehrstraße und der heutigen Wiener Straße »besetzt« hatten. 1873 lieferte er bereits »Facadenziegel, Formsteine und farbig glasirte Steine« mit einer Jahresproduktion von 8 Millionen Stück. Doch diese »Döhrener Dampfziegeleien« fielen dem Zweiten Weltkrieg zum Opfer. Heute finden wir hier zwischen der Eisenbahn und dem 1955 angelegten Südschnellweg ein Gewerbegebiet mit Betrieben verschiedenster Art.

1868 entstand die Wollwäscherei und –kämmerei auf dem Mühlenhof und mehreren Nachbargrundstücken. Vier Jahrzehnte später beschäftigte sie 2000 Arbeitskräfte. Döhrener Garn war zum Qualitätsbegriff geworden. So wandelte sich das Bauerndorf allmählich zum »Stadtteil«. Schon 1890 fuhr eine Pferdebahn im Anschluss an die erste hannoversche Linie vom Döhrener Turm nach Laatzen. 1897 ist auch diese Linie elektrisch. Und zwei Jahre später flitzt die »rote 11« über Sarstedt nach Hildesheim.

Zwar gibt es kaum noch Reste des Bauerndorfes, aber gut gepflegte Mietshäuser aus den Jahren vor dem Ersten Weltkrieg säumen fast alle Straßen zwischen Hildesheimer und Landwehrstraße. Viele Straßennamen erzählen hier aus Döhrens Geschichte. Dem großen Hildesheimer Bischof ist die auf seine Kirche zuführende Bernwardstraße gewidmet. Die Sage von »Hannovers Spartanern« wurde in der Spartanerstraße und der Borgentrickstraße verewigt. Andere Namen erinnern an Pastoren, Bauernfamilien und die beiden Rittergüter. Ja, Hermann Fiedelers Tochter Helene, nach der schon 1907 die Helenenstraße benannt wurde und die erst 1979 starb, war die letzte Hannoveranerin, die schon lange vor ihrem Tode einer Straße ihren Namen gab.

Von der »Kerke Sunte Peters to Dornde«, wie das Gotteshaus 1507 genannt wurde, blieb kaum mehr als das Mauerwerk des Turmes bis heute erhalten. Nach der Zerstörung im Zweiten Weltkrieg wurde sie schon 1949 durch eine der ersten »Notkirchen« von Otto Bartning ersetzt. Prächtige Epitaphien erzählen viel aus der Geschichte der Döhrener Familien. Am Turm steht der Grabstein des 1775 im Pfarrhaus gestorbenen Johann Ludewig Mehmet von Königstreu, »der Redlichsten Einer«. Er war der älteste Sohn des türkischen Kammerdieners Mehmet, dessen romanhaftes Schicksal so manchen Schriftsteller zur Feder greifen ließ.

Geradezu mustergültig saniert wurde die als »Döhrener Jammer« bekannte Werkssiedlung der Wollwäscherei und -kämmerei an der Werrastraße und ihren Nebenwegen. Die »Wolle« selbst hatte ihren Betrieb bereits 1973 eingestellt. An sie erinnern nur noch zwei Denkmäler, der stolze Uhrturm von 1909 und der »Wolle-Widder« an der Ecke der Straßen »Am Uhrturm« und »Am Leinewehr«, eine Kopie der 1863 vom Berliner Bildhauer Wilhelm Wolff geschaffenen Steinplastik. Die Fabrikgebäude aber sind dem großen Wohngebiet an und auf der Leineinsel gewichen. Auch in Döhren ist die Zeit nicht stehengeblieben.

Ein Hundekuchenfabrikant baute Villen in Kirchrode

In der Grenzfestsetzung der Bistümer Hildesheim und Minden zwischen 983 und 993 werden nicht nur Einwohner von Anderten und Döhren als Zeugen genannt, sondern auch ein »Deddi de Rothun«. Hermann Hoogeweg deutet diesen Ort als Ruthe westlich von Sarstedt. Aber 1221 verpfändet der Hildesheimer Bischof Siegfried an Dietrich von Escherte zwei Höfe in »Rhoden«, und dieser Ort dürfte das heutige Kirchrode sein.

Schon 1295 wird hier die dem heiligen Jakobus geweihte Kirche erwähnt. Damals schenkten die Grafen Gerhard senior und junior von Hallermund der »ecclesiae Sancti Jacobi in Roden« zwei Hufen Land bei Bemerode als Ausgleich für die Abtrennung der Bothfelder Nikolaikirche vom Pfarrbezirk des Gotteshauses. Von der Jakobikirche blieb ein Kapitell aus der ersten Hälfte des 12. Jahrhunderts erhalten. Man fand es 1964 auf dem Grundstück Kleiner Hillen 4, und es steht heute im Historischen Museum am Hohen Ufer. Das Kirchspiel, zu dem 17 Dörfer gehört haben sollen, reichte ursprünglich bis vor das hannoversche Aegidientor. Noch in jüngerer Zeit umfasste es außer Kirchrode die Orte Misburg, Anderten, Bemerode und Wülferode.

Der älteste Teil der heutigen Jakobikirche ist der Glockenturm, der wohl bald nach 1300 errichtet wurde. Das Langhaus wurde von 1782 bis 1784 erneuert. Damals schufen der Hofbildhauer Johann Friedrich Blasius Ziesenis und der Tischler Christian Lauber auch den Kanzelaltar, der nach Kriegszerstörungen vereinfacht wiederhergestellt wurde, und die hölzerne Taufe. Von den Gräbern um die Kirche blieb nur der klassizistische Stein für die 1811 und 1814 gestorbenen Töchter des Majors von Beaulieu-Marconnay aus Misburg erhalten.

Von 1295 bis 1483 ist Kirchrode als Sitz eines Sendgerichts bezeugt, das hier bei Bedarf zusammentrat. Mit den Rodungen der Hildesheimer Bischöfe im Kronsbergbereich bringt man den Ursprung des Kirchroder Meierdings in Zusammenhang, eines Gerichts, das über Höfe und Felder in elf Dörfern zu entscheiden hatte. Der Name »Kercrodhen« begegnet uns zuerst 1359, als die Einwohner von Bothfeld und Buchholz endgültig von ihren Pflichten gegenüber der Mutterkirche befreit wurden. Zwar sind die größeren Höfe längst verschwunden, aber von kleineren Stellen entdeckt man doch so manchen Überrest. Am interessantesten ist wohl der Vierständerbau des Halbmeierhofs 4, heute Brabeckstraße 6, der 1824 vom Zimmermeister Ludwig Wahlmann für Johann Friedrich Jöhrens errichtet wurde. Das Fachwerkhaus Tiergartenstraße 100 gehörte zur Brinksitzerstelle 19. Zwei weitere Bauernhäuser stehen im Bereich der Henriettenstiftung an der Schwemannstraße.

Auf einem Stadtplan von 1912 findet sich der seltsame Name »Kühlshausen« für den Bereich der Kaiser-Wilhelm-Straße. Auch Hermann Löns erwähnt bei der Schilderung der Straßenbahnfahrt zum Tiergarten die »schmucken Villen von Kühlshausen«. Der von der Insel Fehmarn stammende Johannes Kühl hatte seit etwa 1880 die »Deutsche Hundekuchenfabrik« in der Glockseestraße betrieben und seine Patente ein Jahrzehnt später an die englische Hundekuchenfabrik Spratt's verkauft. Mit dem Erlös erwarb er Bauland an der Kaiser-Wilhelm-Straße, die diesen Namen seit 1897 trägt. Hier soll er eine Villa nach der anderen erbaut und »trockengewohnt« haben, ehe er sie an zahlungskräftige Interessenten verkaufte. Zuletzt, so heißt es, habe Kühl auf dem Grundstück Kaiser-Wilhelm-Straße 1 seine eigene »Villa Fernblick« mit der ungehinderten Sicht über die Mardalwiese gebaut.

Auch Kirchrode wurde 1907 nach Hannover eingemeindet. Damals entstanden dort viele soziale Anstalten. Schon 1867 hatte der Konsul Dietrich Wilhelm Schwemann der Henriettenstiftung ein Haus überlassen, um das sich dann ein ganzes Stadtviertel mit Einrichtungen dieser Stiftung entwickelte. 1912 begann der Bau der Blindenschule an der Bleekstraße, aus der dann das Landesbildungszentrum für Blinde wurde. Und 1928 gründete Dannie N. Heineman, erfolgreicher Unternehmer auf dem Gebiet der Elektrotechnik, zur Erinnerung an seine Eltern die Minna–James–Heineman–Stiftung. Für diese erbaute Henry van de Velde zwei Jahre später an der Brabeckstraße das Altersheim, heute eins der Alten- und Pflegeheime der Landeshauptstadt Hannover.

1679 bestimmte der Herzog Johann Friedrich den Sundern bei Kirchrode, der einst zum großen Waldgebiet des Hainholzes gehörte, zu seinem Tierpark. Damals standen hier schon viele Bäume, unter denen man noch heute spazieren geht. Die Eiche beim »Crest-Hotel« soll schon acht Jahrhunderte alt sein. Gegen 1700 zählte man hier bereits 120 Stück Damwild. Der Tiergarten unterstand dem Ober-Jagd-Departement und wurde von einem Gehegereuter betreut. Die noch jetzt benutzte Futterscheune wurde bereits 1751 erbaut. Die Beamten wohnten in einem Fachwerkhaus mit einem Saal für Jagdgesellschaften des Hofes. 1799 erlaubte König Georg III. dem Gehegereuter Friedrich Ahrbeck, eine

Gastwirtschaft einzurichten und »gegen Zahlung Erfrischungen zu verabreichen«. Nun wurde der Tiergarten bald zu einem beliebten Ausflugsziel.

1903 erwarb die Stadt Hannover den Tiergarten, und bald darauf ersetzte man das alte Forsthaus durch eine größere Gaststätte. Sie diente dieser Aufgabe bis 1966, als hier das moderne »Crest-Hotel« errichtet wurde. Nahe dem Nordeingang des Tiergartens liest man auf einem Stein: »Am 23. October 1858 erlegte Seine Königl(iche) Hoheit der Kronprinz Ernst August an dieser Stelle den ersten Dam-Hirsch«. Es war gewissermaßen die »Reifeprüfung« für die Staatsjagden des künftigen Monarchen, der jedoch nach den Ereignissen von 1866 niemals mehr den Thron besteigen sollte.

Der Tiergarten ist immer noch eins der beliebtesten Ausflugsziele in Hannover.

Ein Fischer entdeckte auf der Insel ein Marienbild

Es war einmal ein Fischer, der fand auf einer Insel zwischen zwei Leinearmen ein Bild der Gottesmutter Maria. Als dies sein Graf erfuhr, stiftete er auf dieser Insel ein Kloster, das er »Mariae Viridiarum« nannte, Garten der Maria. Wie Johann Karl Fürchtegott Schlegel erzählte, »soll der Stifter, um das Kloster, zu welchem man nur zu Schiffe gelangen konnte, zugänglich zu machen, mit großen Unkosten und mühsamer Arbeit die Leine haben abgraben lassen, so daß das Kloster nicht mehr auf einer Insel liegt«. Es ist das Augustinerkloster Marienwerder — Werder heißt Insel.

1196 hatte der Graf Konrad I. von Roden das Kloster gestiftet, vielleicht bei jenem Hof Ripen, nach dem sich der Stammvater der Grafen von Roden, Konrads Großvater Hoyer von Ripen, genannt haben soll. Den Grabstein des Stifters will der Kammerschreiber Johann Heinrich Redecker noch um 1750 vor dem Altar der Klosterkirche gesehen haben. Aber ein Jahrhundert später meint der Legationsrat Georg von Alten, dieser Stein sei schon dem Brand von 1335 zum Opfer gefallen.

Am 16. September 1200 weihte der Bischof Thetmar von Minden das in seinem Sprengel liegende Kloster zu Ehren der Gottesmutter Maria, des Täufers Johannes, des Evangelisten Johannes und des heiligen Augustinus. Die Kirche ist das älteste Baudenkmal Hannovers. Sie blieb durch mehr als 750 Jahre weitgehend erhalten. Bereits 1216 wurden die Mönche durch Augustinernonnen aus Obernkirchen abgelöst. 1335 brannte ein Teil des Klosters nieder, vor allem wohl die Konventsgebäude und das nördliche Seitenschiff der Kirche. Es wurde nicht wieder aufgebaut, womit man den zweischiffigen Grundriss des Gotteshauses erklärt.

Vermutlich verlegte man damals die Klosteranlage selbst an die Südseite der Kirche. Dort wuchsen zwischen 1687 und 1731 auch die bis heute erhaltenen Südflügel auf. Luthers Reformation konnte sich in Marienwerder erst 1588 durchsetzen. Nun wurde aus dem

Augustinerinnenkloster ein evangelisches Damenstift. Die Kirche und der angrenzende Friedhof sind ein eindrucksvolles Museum hannoverscher Grabmalkunst. Ihre Entwicklung vom 14. Jahrhundert bis heute kann man hier an interessanten Beispielen studieren. Das Kloster wurde seit 1603 vom jeweiligen Amtmann bewirtschaftet. Der hannoversche Magistrat pachtete es 1917 und kaufte es 1927 von der Klosterkammer. Erst 1928 wurde der »Gutsbezirk Marienwerder« nach Hannover eingemeindet.

Den Klosterpark ließ der Königlich Großbritannische Legationsrat Jobst Anton von Hinüber bald nach 1760 in der Leineaue und auf den angrenzenden Sandhügeln im englischen Stil der romantischen Naturlandschaft anlegen. Dieser Park zählt zu den frühesten Anlagen in diesem Stil auf dem europäischen Festland. Immer noch beachtenswert sind die bis heute erhaltenen Reste. Von den künstlichen Ruinen, wie sie Christian Hirschfeld schon 1785 beschrieben hat, ist nur die »Hexenküche« auf der höchsten Düne am

Nordostrand erhalten geblieben. Wenn die Bäume kein Laub tragen, schweift der Blick von hier weit über die grüne Leineaue, einer der schönsten Aussichtspunkte am Rande Hannovers.

Spötter nennen ihn den Bahnhofsvorsteher

Seit mehr als einem Jahrhundert treffen sich die Hannoveraner und ihre auf dem Hauptbahnhof eingetroffenen Besucher »unterm Schwanz« des Denkmalsrosses vor dem Bahnhof. Sie lesen dann wohl auch die Inschriften am Sockel: »Ernst August König von Hannover« und »Dem Landesvater sein treues Volk«. Am Bronzefuß stehen die Lebensdaten: »Geb 5. Juni 1771. König 20. Juni 1837. Gest 18. Novbr 1851. Errichtet 21. September 1861«. Das Reiterstandbild blieb bis heute das volkstümlichste Denkmal der Landeshauptstadt, unbeeinflusst vom Kommen und Gehen der Regierenden und der Staatsformen.

Am 21. September 1861 »wurde in der Haupt- und Residenzstadt Hannover ein Fest gefeiert, das an innerer tiefer Bedeutung und an äußerem Glanz seines Gleichen in unserer Landesgeschichte nicht findet, ja das weit über die Grenzen unseres Vaterlandes einzig dasteht. Unter der prachtvollsten

Entwickelung königlichen Glanzes, unter der innigsten Theilnahme aller bürgerlichen Kreise wurde in Gegenwart der erhabenen Königlichen Familie das vom dankbaren Volke errichtete eherne Standbild Ernst August's, des ersten Königs von Hannover, der in der Residenz Seiner Stammlande wieder geherrscht, auf seinem granitenen Sockel enthüllt«. So beginnt das »Ernst-August-Album«, das ein Jahr nach jener Feier im Verlag des Hofbuchdruckers Justus Friedrich Klindworth erschien.

Fast ein Jahrzehnt zuvor, am 18. November 1851, war der greise Monarch, Hannovers erster »eigener« König nach dem Ende der Personalunion mit Großbritannien, im Alten Palais gegenüber dem Leineschloss gestorben. Drei Jahre später entnahm man den Zeitungen die Anregung, ihm ein Denkmal zu setzen. Und am 4. Februar 1855 kamen mehrere Hannoveraner zusammen, um diesen Gedanken zu verwirklichen: »Das Comite beschloß, die Errichtung einer bronzenen Reiterstatue als das zu erstrebende Ziel hinzustellen, dahin den an das Land zu erfassende Aufruf zu Beiträgen für die Ausführung solches vaterländischen Unternehmens zu richten und zu bemerken, dass die Reiterstatue den hochseligen König in Husaren-Uniform, als charakteristisch für Seine Erscheinung, darstellen solle«.

Flossen auch die Spenden zunächst nur spärlich, was man mit Überschwemmungen, Teuerung und Misswuchs im Lande begründete, so wandte man sich doch unverzüglich an den Berliner Bildhauer Christian Rauch, der seinen Schüler Albert Wolff für diesen Auftrag empfahl. »Da das Comite von vorn herein sein entschiedenes Absehen darauf richtete, alle Arbeiten für das Denkmal so viel wie möglich im Lande ausführen zu lassen«, beschloss man einen Wettbewerb zwischen Wolff und dem Hannoveraner Christian Heinrich Hesemann um die Anfertigung der Reiterfigur, doch starb Hesemann 1856. Wolff arbeitete seinen Vorschlag aus, übernahm aber Einzelheiten vom Entwurf des Konkurrenten.

So erhielt Wolff den Auftrag, das Modell für 11.000 Taler anzufertigen, während der Bronzeguss für 12.000 Taler den Hof-Bronze-Fabrikanten Christian Bernstorff und Eduard Eichwede übertragen wurde. Das Postament beschaffte der Goslarer Maurermeister Rusack für 8.400 Taler. Beim Abtransport des 620 Zentner schweren, vom Oberbergrat Freiherr Karl Grote ausgewählten Granitblocks von der Fundstelle unterhalb des Brockens brachen die Wagenräder tief in die Landstraße ein, und der Stein musste um 160 Zentner »erleichtert« werden, ehe er nach Harzburg und von dort mit der Eisenbahn weitergebracht werden konnte.

Zog man zunächst den Friederikenplatz und später den Königsworther Platz für die Aufstellung in Betracht, so neigte die Volksmeinung immer mehr zum Platz vor dem Bahnhof, den Ernst Augusts Sohn und Nachfolger, der »blinde König« Georg V., schließlich als Standort bestimmte. Am 5. Juni 1860 legte der König selbst den Grundstein, und am 21. September 1861 fiel die Hülle des Denkmals unter dem Salut von 101 Kanonenschüssen, dem Geläut aller hannoverschen Kirchenglocken, dem Chorgesang »Nun danket alle Gott« und dem donnernden »Hurra« der 23.000 Festteilnehmer und Zuschauer. Im großen Festzug folgten auf das Fest-Comite und die »Arbeiter, welche bei der Herstellung des Monuments thätig gewesen sind«, die Gilden von den Schuhmachern bis zu den Knopfmachern nicht nur aus der Residenz, sondern auch aus anderen Städten des Königreiches. Im zweiten Zug marschierten zwischen den Eisenbahnarbeitern und den Zigarrenmachern mehrere Vereine, unter ihnen der Künstlerverein und der Historische Verein, und vor allem die »fremden Deputationen« wie das Lüneburger Brauer-Collegium oder der Göttinger »Handelsstand«. So zog man vom Waterlooplatz zum Denkmal und nach der Feierstunde wieder zurück. Ausführlich werden im Ernst-August-Album die »Fahnen, Banner und Embleme des Festzuges«

beschrieben und zum Teil auf farbigen Drucktafeln wiedergegeben. Schließlich folgt ein Verzeichnis aller Ehrengäste und der 8.229 Teilnehmer des Festzuges. Insgesamt wurden 23. 328 Personen auf dem Festplatz gezählt.

110 Jahre nach der Einweihung seines Denkmals, am 15. Dezember 1971, durfte der Welfenkönig noch einmal durch seine Residenzstadt reiten. Erforderte doch der Bau der Untergrundbahn seinen Umzug zum Leineschloss. Dort grüßte er nun auf einem provisorischen Sockel »sein treues Volk«. Am 5. Juli 1975 brachte dann ein »triumphaler Zug«, wie eine Zeitung schrieb, den bronzenen Monarchen zu seinem Stammplatz vor dem Hauptbahnhof zurück.

Respektlos-vertraut bezeichnet der Volksmund heute den bronzenen König zuweilen als »Bahnhofsvorsteher« und deutet wohl auch die Worte »Dem Landesvater sein treues Volk« als Musterbeispiel für den hannoverschen Genitiv, in dem es – wenn beispielsweise Willi sich ein Auto gekauft hat – heißt: dem Willi sein neues Auto…

Im Badehaus benahm Eulenspiegel sich daneben

In dem Tonfries, mit dem der Meister Hans Henselin den 1455 vollendeten Marktflügel des Alten Rathauses geschmückt hat, sehen wir das Relief des Strebkatzenspiels oder »Luderziehens« über dem später zugemauerten Portal an der Schmiedestraße. Dem linken der beiden Männer, die einander über die Spitze der gotischen Türumrahmung hinwegzuziehen versuchen, ist die Kleidung über dem Hinterteil etwas in Unordnung geraten und eine Gestalt, die deutlich an den legendären Eulenspiegel erinnert, belustigt sich über die Blöße, die sich der Kämpfer gibt. Dieses Relief ist zweifellos eine Warnung an die streitenden Parteien, die hier zu Gericht gingen, sich dabei ja keine Blöße zu geben.

Nun, Till Eulenspiegel soll auf seinen Wanderungen durch Norddeutschland tatsächlich in Hannover gewesen sein. Die 69. Historie des 1515 gedruckten Volksbuches berichtet, »wie Ulenspiegel zu Hanower in die

Badstub scheiß und meinet, es wär ein Hus der Reinigkeit«. Hatte doch der Bader vor dem Leintor seiner Badestube die werbekräftige Bezeichnung »Haus der Reinlichkeit« gegeben, was Eulenspiegel im Sinne einer öffentlichen Toilette »umdeutete«.

Aber als er sich mitten in der Stube neben dem Badetrog entleerte, war dies dem Bader gar nicht recht, und er verwies ihn des Hauses. Doch ehe er sich verabschiedete, setzte Eulenspiegel noch einen zweiten Haufen in den zusammengeklappten Esstisch und verschwand dann mit den Worten: »Lieber Meistir, in diser Stuben bin ich erst gantz gereinigt. Gdenckt mein zu gut, ee es Mittag würt. Ich scheid darvon«.

Der Historiker Bernd-Ulrich Hucker konnte die Überlieferung bestätigen, dass Till um 1300 in Kneitlingen am Elm geboren wurde. Auch die Angabe in der Weltchronik, die der Braunschweiger Hermann Bote gegen 1500 schrieb, Eulenspiegel sei 1350 in Mölln gestorben, wird nicht mehr angezweifelt.

Der »historische« Diederik oder Tile

von Kneitlingen wurde 1339 einem »Verfestungsbuch« im Braunschweiger Stadtarchiv zufolge mit sieben anderen Adligen wegen Straßenraubs »friedlos gelegt«, das heißt, aus dem Gerichtsbezirk der Stadt Braunschweig verbannt. Tills Familie verließ vor 1350 ihre Heimat am Elm und siedelte als Vasallen der Grafen von Regenstein in das Erzbistum Magdeburg über. Dort zählte das Geschlecht von Kneitlingen noch bis zu seinem Aussterben im Jahre 1739 zur Ritterschaft.

Ein Jahrhundert nach Tills Tod, als das Alte Rathaus seinen Fries bekam, mag man sich schon von Till erzählt und seine tiefsinnigen Schwänke gesammelt haben, die dann um 1500 zum bekannten Volksbuch vereinigt wurden. Seitdem hat man diese Geschichten immer wieder nacherzählt und nachgedruckt. So ist Till Eulenspiegel bis heute lebendig geblieben, und auch in Hannover finden sich seine Spuren in der lachenden Gestalt im Fries des Alten Rathauses.

Eine weitere »Eulenspiegelei« ist vielleicht

der »Neidkopf« an der Südwestseite des Alten Rathauses, jene Kopffratze mit aufgerissenem Mund und herausgestreckter Zunge. Man deutet das Relief als Abwehrzauber, der böse Einflüsse vom Rathaus fernhalten sollte. Der Volksmund sagt, es sei der Kopf eines bösen Buben, der den würdigen Ratsherren immer die Zunge herausgestreckt habe. Nun – nur wenige Meter nach rechts führt eine Tür zu den Trauzimmern des Standesamtes. Man muss sich kräftig dagegenstemmen, um sie zu öffnen, und manche Hannoveraner sagen, dies sei die Tür, an der man es sich noch einmal überlegen sollte...

Studenten stibitzten die »Schiffgraben«-Schilder

An der breiten Verkehrsstraße »Schiffgraben«, die vom Aegidientorplatz zur Eilenriede führt, ist weit und breit weder Wasser noch Schiff zu sehen. Und manches Schild mit dem Straßennamen ist in früheren Zeiten entwendet worden und in einer Studententoilette wieder aufgetaucht. Hier führte aber tatsächlich ein Kanal vom Altwarmbüchener Moor bis zum Festungsgraben am Aegidientor – eben der »Schiffgraben«.

Am 4. Mai 1365 hatte der Welfenherzog Wilhelm zu Braunschweig und Lüneburg den Bürgern gestattet, im Moor zwischen Warmbüchen, dem Misburger Holz und Lahe Torf zu stechen und ihn auf dem Wasser oder über Land zur Stadt zu bringen. Dreizehn Jahre später lesen wir im Kämmereiregister vom »Graven, dar dat Thegelscheep gheid«, und 1394 wird dort der »Scheep-Graven« erwähnt.

Der Graben – man sollte ihn wohl

besser als Kanal bezeichnen – führte vom Altwarmbüchener Moor im Zuge der Lüneburger Landwehr mit der »Pinkenburg« am jetzigen Messeschnellweg entlang und durchschnitt die Eilenriede nahezu schnurgerade vom »Weidohr«, dem Weidetor, östlich Steuerndieb aus im heutigen Verlauf von Waldchaussee und Fritz-Behrens-Allee bis zum Neuen Haus. Sein weiterer Weg entsprach dem »Schiffgraben«. Die Wasserstraße bildete zugleich die Grenze zwischen den Ämtern Langenhagen und Koldingen.

Der städtische Torfvogt auf dem Steuerndieb war für den Transport des Torfs verantwortlich, des wichtigsten Brennstoffs der Hannoveraner bis ins 19. Jahrhundert hinein. Aus den angrenzenden Forstrevieren kam aber auch das Holz für die verschiedenen Verwendungszwecke auf diesem bequemen Weg in die Stadt, zum Ratsziegelhof vor dem Aegidientor, zu den Kalkbrennöfen des Rösehofes oder als Bauholz zum Ratszimmerhof. Die langen Fachwerkzeilen

Alt-Hannovers haben durch die Jahrhunderte so manche Baumgeneration der Eilenriede »verschlungen«.

Die Instandhaltung des Wasserweges gehörte zu den Aufgaben des Holzwärters auf dem Lister Turm, der dafür einen höheren Lohn erhielt. Dennoch verschlammte der Schiffgraben immer wieder, was den Buchholzer Bauern nicht unwillkommen war. Verdienten sie doch so manchen Taler an den Torf- und Holzfuhren.

Die 1746 auf Veranlassung des Bürgermeisters Christian Ulrich Grupen begonnene Instandsetzung des damals schon lange unbenutzten Schiffgrabens ließ zwar die Torfpreise in der Stadt auf die Hälfte sinken, verursachte aber infolge des ständigen »Kleinkriegs« mit den in ihren Einnahmen geschädigten Bauern von Lahe und Buchholz so hohe Kosten, dass die Torfschifffahrt schon fünf Jahre später wieder aufgegeben werden musste. Immerhin kamen bis 1751 noch einmal 75 Schiffsladungen Torf auf diesem Wege in die Stadt.

Nachdem man den Schiffgraben schließlich abgeleitet und vom Neuen Haus bis zum Aegidientorplatz zugeschüttet hatte, entstand die Straße gleichen Namens und wurde im 19. Jahrhundert zum vornehmsten Villenviertel Hannovers. Eine steinerne Balustrade, die einen Teil des Schiffgrabens begrenzt hatte, versetzte man damals zum Stadtfriedhof Engesohde, wo sie noch heute einen Teil der Friedhofsmauer schmückt.

Bismarcks Denkmal verschwand in der Versenkung

Am Himmelfahrtstage des Jahres 1936 übergab Hannovers Oberbürgermeister Arthur Menge den Maschsee der Öffentlichkeit. Der Plan, im Wiesengelände der Leinemasch einen See anzulegen, lässt sich bis etwa 1870 zurückverfolgen. Seit 1904 plante man die Güterumgehungsbahn von Wunstorf über Linden nach Lehrte; fünf Jahre später wurde sie vollendet. Damit wurde auch die Strecke nach Altenbeken gut einen Kilometer nach Süden verlegt.

In diesem Zusammenhang hatte eine »Bürgerinitiative«, geleitet vom Tischler Carl Thiele und dem Gründer des Heimatbundes, Professor Julius Kettler, in kurzer Zeit 9.000 Unterschriften zusammengebracht, mit denen eine Linienführung der Bahnstrecke südlich des Döhrener Turms und der Eilenriede gefordert wurde. Wollte man doch die Leinemasch freihalten für einen See. Doch es verging noch ein Vierteljahrhundert, bis

Menge, die damaligen Arbeitsbeschaffungsmaßnahmen geschickt ausnutzend, von 1934 bis 1936 den Maschsee anlegen ließ. Er ist 2,4 Kilometer lang und bedeckt eine Fläche von 78 Hektar.

Zur bleibenden Erinnerung an die Anlage des Sees stiftete der Senator und Ehrenbürger Fritz Beindorff den 18 Meter hohen Pfeiler am Nordufer. Er trägt das Relief eines Adlers und die Inschrift: »Wille zum Aufbau gab werkfrohen Händen den Segen der Arbeit – Freude, Gesundheit und Kraft spende Euch fortan der See! 1934 – 1936«. Für die Spitze des Pfeilers schuf Hermann Scheuernstuhl die viereinhalb Meter hohe vergoldete Bronzefigur eines Fackelträgers. Sie wurde offiziell als Symbol der olympischen Idee gedeutete, fanden doch in jenem Jahr in Berlin die Olympischen Spiele statt. In Hannover aber wollte das Gerücht nicht verstummen, der Fackelträger sei in Wirklichkeit eine freimaurerische Figur.

Zwei Jahre jünger ist Scheuernstuhls bronzener Fisch mit Putte an der Bootsstation, ein Geschenk der Fritz-Behrens-Stiftung. Auf das Sprengel Museum Hannover jenseits der Straße weist die 1972 von Alexander Calder gearbeitete Stahlplastik »Hellebardier«. Sie stand bis 1979 vor dem Opernhaus und wurde »Guadeloupe« genannt – infolge eines später viel belachten Irrtums: Man hatte einen Vermerk auf der Versandanschrift für den Namen des Kunstwerks gehalten.

Auf der Ostseite des Rudolf-von-Bennigsen-Ufers erheben sich das Funkhaus Hannover und der Konzertsaal des Norddeutschen Rundfunks, während vom Westufer des Maschsees das Dach des Stadionbades und die Ostseite der AWD-Arena im neuen Glanz herübergrüßen. Auf der Bastion gegenüber der Geibelstraße steht seit 1939 Georg Kolbes Bronzegruppe »Menschenpaar«, ebenfalls ein Geschenk der Fritz-Behrens-Stiftung. Spötter bezeichnen die Plastik der beiden Unbekleideten als »Rückkehr vom Finanzamt«.

Ehe der See angelegt wurde, stand hier auf den Maschwiesen seit 1904 Alfred Sasses

Bismarcksäule, die als »Turm aus Sandstein mit Feuerbecken und Medaillonporträt Bismarcks auf geräumiger Terrasse« beschrieben wird. Die Studentenschaft hatte dieses Denkmal des Reichskanzlers gestiftet und dafür 12.000 Mark gesammelt. Bei der Schaffung des Sees brach man die Säule ab und stellte die Bauteile sicher, um sie an anderer Stelle wieder aufzubauen. Dazu kam es aber nie, denn man hatte im folgenden Jahrzehnt wohl andere Sorgen. Oder sollten die welfentreuen Hannoveraner den Preußenkanzler glatt »vergessen«haben?

Die nächste Ausbuchtung im See ist die Löwenbastion, der 1938 die zwei Bronzelöwen von Arno Breker zu ihrem Namen verhalfen. Umrundet man das Maschsee-Strandbad am Südufer, begegnet man zunächst Ernst Haberlands Bronze-Schwimmer von 1948 und gelangt dann zur »Maschseequelle«. Hier floss das gereinigte Wasser der Leine in den See, bis man es durch das noch sauberere Grundwasser aus der Ricklinger Masch ersetzte.

Der Karl-Thiele-Weg, der das Westufer vom Strandbad bis zur Spielbank begleitet, erinnert an den Tischler Carl Thiele, der sich immer wieder für den Maschseegedanken eingesetzt hat. Die Verbindung zu den Ricklinger Kiesteichen stellt die Schwienbrücke über die Leine her. Sie ist nach dem Oberbaurat Karl Schwien benannt, der für die Anlage des Sees zuständig war. An den Bootshäusern führt der Ohedamm, über den bis 1909 die Eisenbahnzüge zum Deister und nach Altenbeken dampften, schnurgerade nach Ricklingen und zum Lindener Bahnhof.

Nördlich des Ohedamms zweigt der Schnelle Graben von der Leine ab. Er leitet das Wasser des Flusses zum tiefer liegenden Bett der Ihme ab und wurde im 15. Jahrhundert angelegt, um den Mühlen in der Stadt einen möglichst gleichmäßigen Wasserstand zu sichern. Das Wehr des schon 1449 bezeugten »Snellegrave« wurde 1745 auf Anordnung des Bürgermeisters Christian Ulrich Grupen erneuert. Daran erinnert an der Brüstungsmauer ein vom Hofbildhauer

Johann Friedrich Blasius Ziesenis geschaffener Stein mit dem Kleeblattwappen. Als die Untergrundbahn gebaut wurde, kam 1968 der zweite Durchstich mit dem neuen Wehr hinzu.

Eine Reihe knorriger Weiden begleitet den »Viale dei Sospiri« am Westufer der Leine nördlich der Papageienbrücke von 1853, deren Name angeblich auf den bunten Anstrich ihrer Vorgängerin zurückzuführen ist. Der Spazierweg heißt seit 1957 auch amtlich »Seufzerallee«, und zwar »nach der im Volksmund bekannten Bezeichnung«.

So manches, was moralisch verwerflich und vielleicht sogar strafrechtlich zu ahnden ist, verliert diesen Makel, wenn es vom Staat betrieben wird. Das gilt auch für das Glücksspiel, das schon vielen Menschen Unglück gebracht hat. Für den Staat jedoch — ganz gleich, wer ihn regiert – ist es eine segensreiche und unentbehrliche Steuerquelle. Nach Konzessionierung durch die Landesregierung wurde 1974 die »Niedersächsische Spielbank Hannover/

Bad Pyrmont« gegründet. Sie begann ihren Spielbetrieb im Hotel Intercontinental und zog 1977 in das Bredero-Hochhaus am Lister Tor um.

1979 wurde das »Casino am Maschsee« als Heimstatt der Spielbank eröffnet. Der Entwurf des Gebäudes stammte von Rudolf Brandes und Erwin Lange und wurde von Dieter Oesterlen überarbeitet. Inzwischen ist die Spielbank in die Osterstraße verzogen, und das Gebäude am Maschsee wurde zum Hotel Courtyard by Marriott. Daneben erfreuen sich die Spaziergänger am Nordufer gelegentlich an Konzerten im Musikpavillon mit dem fröhlichen Putto von Hermann Scheuernstuhl.

Bevor der Maschsee entstand, hatte man die Wiesen der Aegidienmasch im Winter dem Leinewasser überlassen, sodass sie sich zum Vergnügen von jung und alt in eine spiegelglatte Eisbahn verwandelten. Eines Tages soll auch der Violinvirtuose Joseph Joachim, der von 1853 bis 1866 Konzertmeister des Hoforchesters war, einige Schlittschuhschritte auf dem Eis gewagt haben, doch alsbald auf dem Allerwertesten gelandet sein. Da sagte ein Bahnfeger mitfühlend: »Jaö, jaö, so lichte as Viggelinspeelen is dat nich…«

1601 schossen die Gäste besser als die Hannoveraner

Verlässt der Gast den Hauptbahnhof, befindet er sich mitten im Hotelviertel der Messestadt. Hier erwarten ihn Beherbergungsbetriebe mit langer Tradition und erinnern an die mehr als acht Jahrhunderte ihres Gewerbes in Hannover.

Schon das erste datierte Schriftdokument aus der Vergangenheit der Stadt berichtete von einer »Großveranstaltung« in »Hanovere«: dem Hoftag Heinrichs des Löwen im Jahre 1163. Zu derselben Zeit erscheint »Hanabruinborgar«, vielleicht mit »Hannoverburg« zu übersetzen, im Reiseführer des isländischen Abtes Nikolaus als Station zwischen Walsrode und Hildesheim auf der Pilgerfahrt von seiner Insel nach Rom.

Die Halberstädter Sachsenchronik des 15. Jahrhunderts beschreibt die Entstehung Hannovers mit den Worten, dass hier »Krögers unde Herbergers begunden to wonde« – an einer Stelle, wo sich zwei wichtige Handelsstraßen kreuzten. Gastwirte und Hoteliers sollen also die ersten Bewohner unserer gastlichen Stadt gewesen sein. Gehören doch zu jedem Markt auch Gasthäuser, wo man sich trifft, um sich nach den anstrengenden Geschäften zu erholen. Und 1392 wird bereits der Ratskeller genannt.

Früh finden wir Erwähnungen hannoverscher Kaufleute in Antwerpen oder Nowgorod oder auf den Messen in Leipzig und Frankfurt. Geistliche reisten nach Rom, Juristen nach Speyer; aber war Hannover »eine Reise wert«? In Schedels Weltchronik und im 1572 gedruckten Städtebuch von Braun und Hogenberg suchen wir Hannover vergebens. Aber als dann die Kavaliersreisen der jungen Adligen üblich werden und Matthäus Merian seine Topographien veröffentlicht, finden wir dort 1654 auch die Fürstlich Braunschweig-Lüneburgische Residenzstadt Hannover, »eine unter den vornehmsten des Fürstentums Calenberg«. Dort lesen wir, dass »daselbst jährlich vier stattlich Jahrmärkte gehalten werden, zu denen viele Fremde nicht allein aus Deutschland, sondern auch aus anderen Ländern sich häufig einfinden«.

»Großveranstaltungen« waren damals die Schützenhöfe, zu denen man die Schützen von weither einlud. Schon 1582 gab es ein solches Treffen in Hannover, und im Juni 1601 ritten drei Boten bis Kassel, Magdeburg, Lübeck und Osnabrück: Hannovers Rat lud zu einem Schützenhof am 12. Juli ein. In Bürgerhäusern wurde den Teilnehmern für einen angemessenen Geldbetrag »die Notdurfft an Essen und Trincken bestellet und gereichet«. Ist die Zahl von 95 Gästen auch nicht mit dem Besucherstrom heutiger Messen zu vergleichen, war sie damals doch recht beachtlich. Interessanterweise wurden die ersten 30 Gewinne von Gästen »erschossen«; am erfolgreichsten waren die Hessen aus Rotenburg und Eschwege.

1716 kam eine der berühmtesten Reisenden jener Zeit, Lady Mary Pierrepont Wortley Montagu, nach Hannover. Ihr Gatte sollte vor dem Antritt seiner Gesandtenstelle in Konstantinopel noch Instruktionen von seinem König Georg I. empfangen, der zwei Jahre zuvor als Kurfürst Georg Ludwig den britischen Thron bestiegen hatte. Die Lady findet die Stadt »weder groß noch hübsch«, bewundert aber die Schönheit der Hannoveranerinnen. Neben dem Schloss und dem Opernhaus erwähnt sie die »trotz des Schnees prächtigen Gartenanlagen« von Herrenhausen, wo in den Gewächshäusern Orangen und Zitronen gedeihen. Aber wir lesen auch von »jämmerlichen« Gasthäusern, wo man wegen der vielen Engländer nur mit Mühe »ein elendes Zimmer bekommt«.

Wenig begeistert war der Frankfurter Ratsherrensohn Johann Friedrich Armand von Uffenbach, der 1728 vier Tage in Hannover verbrachte. Er besichtigte den Marstall des Landesherrn und dessen Bibliothek, wo er über Leibniz' Rechenmaschine spottete, »einen drey Schu langen und 1 1/2 breiten Kasten, darin allerley abentheuerliches Räderwerk und Meßinge Lineale mit ohnzehlichen Ziffern von hertzlich schlechter und überaus massiver Arbeit zu sehen und eine unreiffe Rechnungsmaschine des seeligen Herrn Erfinders war«. Besser gefiel ihm die Herrenhäuser Wasserkunst, mit deren Hilfe man »alda einen ganz ungewöhnlich hohen prächtigen und dücken Wasserstrahl spielen macht...Das ganze Werk also ist nichts als ein Truckwerk mit Stiefel und Pumpen, die alles aufgefangene Wasser zu einem einzigen Strahl hinauszutrucken und also deßen Höhe biß auf hundertzwanzig Schu in die Lufft mit meiner Leibesdücke treiben«, womit die Höhe der Fontäne etwa 35 Meter betragen hätte.

Auch der Große Garten, das Gartentheater und die Statuen interessierten den jungen Herrn aus Frankfurt; aber »wenn man nach der Beschauung gegen das Ende des Gartens in den mittelsten breiten Gang kommt, so siehet man mit nicht geringem Erstaunen über die höchsten Bäume und Heckenwände den großen Wasserstrahl hervorragen, dass man billig sagen muß, es seye recht was Königliches«. Weniger begeistert war er vom

Galeriegebäude und vom Schloss: »weder von außen, noch innen was Rahres«.

1689 gab es neben den Garküchen, in denen man essen konnte, etwa 60 Gastwirte oder Krüger in der Stadt. Zum Hotelviertel wurde damals die Calenberger Neustadt mit der Weinschenke »Stadt Strelitz«, die noch bis 1889 Hotel blieb, mit der späteren »Londonschenke« und bald darauf auch mit dem »British Hotel« am Neustädter Markt. Nun fehlt Hannover in keinem Reisebuch mehr. 1819 bemerkt Burchard Christian von Spilcker, dass »Reisende in Hannover anständige, bequeme und reinliche Wohnungen und Betten, auch im Ganzen gute Lebensmittel finden, wenn gleich die Wirthshäuser im nördlichen Deutschland denen des südlichen in manchen Stücken, besonders in Ansehung der Bedienung, nachstehen«. In den meisten Gasthäusern gab es bereits einen öffentlichen Mittagstisch, die »Table d'hote«, zu festgesetzter Zeit.

Streng waren die Meldevorschriften, aber »diejenigen Reisenden, welche nicht gemeldet seyn wollen, pflegen daher in ein außerhalb der Stadt liegendes Wirtshaus, in den schwarzen Bären vor dem Calenberger, oder in den wilden Mann oder in den König von Hannover vor dem Aegidienthore einzukehren«.

Nach dem Bau der Eisenbahn entstand um 1850 das Hotelviertel um den Bahnhofsplatz, da Hannover schnell zur beliebten Nachtstation zwischen Berlin und Köln wurde. Der 1847 von den Brüdern Jänecke gedruckte Führer durch die Stadt spricht von einem »Zusammenfluß von Reisenden und Fremden, wie sich unsere Väter nicht träumen ließen«. Die Verkehrslage begünstigte große Veranstaltungen wie 1872 das 4. Deutsche Bundesschießen, 1874 die 15. Hauptversammlung des Vereins Deutscher Ingenieure und 1882 die 5. Generalversammlung des Verbandes Deutscher Architekten- und Ingenieur-Vereine.

1883 gründete man den »Verein für den Fremdenverkehr und die Verschönerung von

Hannover«, den heutigen Verkehrsverein. Nun wurde planmäßig für den Besuch der Stadt geworben; 1910 gab es schon 89 Hotels und Gasthöfe. Drei Jahre später wurden 266.726 Fremde durch die Polizei »erfasst«, wie es so schön heißt, unter ihnen 12.285 Ausländer.

Weltweit ausstrahlende Kongresse und internationale Sportwettkämpfe zogen immer wieder viele Gäste nach Hannover. 1947 kam dann ein Magnet hinzu, der die Aufmerksamkeit der Welt alljährlich auf die Stadt an der Leine lenkt – die Messen. Viele Verkehrsstraßen laufen durch Europa, und so manche von ihnen führt zur gastlichen und sehenswerten Landeshauptstadt Niedersachsens.

Schafe wanderten durch das neue Schützenhaus

Als Georg Ludwig Friedrich Laves 1825 das neue Schützenhaus in der Ohe erbaute, soll der Schäfer des Lindener Gutsherrn von Alten eines Tages seine Schafherde durch das halb fertige Bauwerk getrieben haben, um damit seine Weiderechte in der Ohe handgreiflich zu beanspruchen. Nach Darstellung des Schützenhistorikers Heinrich Magdeburg »verwickelte die Weigerung des Magistrats, dieselben anzuerkennen, die Stadt in einen langwierigen Prozeß, der erst im Jahre 1839 ein Ende fand durch einen mit Hülfe der Schützendeputierten zustande gekommenen Vergleich, nach welchem sich der Magistrat zur Zahlung einer Abfindungssumme von 10.500 Thalern Gold bereit erklärte, der Herr von Alten dagegen allen ihm in der hannoverschen Ohe zustehenden oder beanspruchten Rechten für immer entsagte«.

Die schon 1375 erwähnte Ohe beiderseits der Ihme war das Weidegebiet der hannoverschen Bürger, wo aber offenbar auch die Lindener das Hüterecht hatten. Es war ein von mehreren Leinearmen durchzogenes Wiesengelände, das nahezu unbewohnt war. 1768 legte man dort einen Paradeplatz für die Garnison an, der 1780 zur »Esplanade« erweitert wurde.

Während der Verhandlungen über die Vereinigung von Alt- und Neustadt hatte der Magistrat schon 1821 den Hofbaurat Laves beauftragt, in der Ohe ein neues Schützenhaus und die anschließenden Schießstände zu entwerfen. Zum Schützenfest 1827 waren die Anlagen fertig. Die Gebäude standen hier länger als ein Jahrhundert, bis sie 1943 zerstört wurden.

Ihr Schützenfest und andere Volksfeste bis zu Zirkusvorstellungen und Ringwettkämpfen begehen die Hannoveraner noch heute auf diesem Schützenplatz. 1848 erhielt er das »Rundteil« als Mittelpunkt, und 1937 erweiterte man ihn auf fast das Doppelte, indem man den mehrfach gewundenen Lauf der Ihme begradigte.

Hier lagen bereits um 1800 die Badeplätze. Und an der Waterloostraße steht seit 1849 der von Johann Karl Hartmann aus Sandstein geschaffene Obelisk mit dem Kopfrelief des Bademeisters Diedrich Heinrich Schrader, dem nach der Inschrift 560 Menschen Ihre Rettung aus Todesgefahr verdanken: »Mit diesem Denkmal ehrt das Volk die Berufstreue eines seiner Mitbürger«.

Die Quellen des hannoverschen Schützenfestes sind in der Wehrverfassung des Mittelalters und in der von Flandern ausgehenden »Mode« der Schützengesellschaften zu suchen, die gegen 1400 die hiesige Gegend erreichte. Um 1380 dienten dem Rat ein Armbrustmacher und 80 besoldete Schützen. Und 1394 zahlte der Kämmerer einen Geldbetrag »den Stadt-Schützen do se Papeghoyen schoten«.

1468 beschwerte sich Herzog Wilhelm der Ältere noch darüber, dass die Bürger auf dem Platz der zerstörten Burg Lauenrode nach dem hölzernen Papageien schossen. Seit 1529 aber dürfen Hannoveraner mit ausdrücklicher »Begnadigung« durch Wilhelms Enkel Erich

I. ihr jährliches Schützenfest feiern.

Den »Festbetrieb« regelte die Schützenordnung, von der im Stadtarchiv ein Aushangexemplar von 1575 erhalten ist. Im Jahr zuvor hatte der Rat vor dem Steintor das Schützenhaus am heutigen Klagesmarkt erbauen lassen. Den »besten Männern« winkten Steuerfreiheit und besondere Holzrechte. Die Aufsicht führten die beiden vom Rat bestellten Schützenschaffer, deren Helfer später die Bruchmeister wurden.

Höhepunkte waren die Schützenhöfe von 1582 und 1601, zu denen man die Schützen aus anderen Städten einlud. So versammelten sich am 12. Juli 1601 92 Hannoveraner und 95 Gäste vor dem Rathaus und marschierten durch das Leintor zu den Schießständen in der Ohe. Vier Tage lang schossen sie auf die großen, gut 180 Meter entfernten Scheiben, um die meisten Treffer zu erzielen oder beim Stechen dem Mittelpunkt so nahe wie möglich zu kommen. Fast alle Gewinne bekamen die Gäste, wobei die Hessen am besten abschnitten.

Auf dem Spielplatz neben den Schießständen konnte man gegen einen geringen Geldeinsatz um Zinnkannen und andere »Kleinodien« würfeln. Vielleicht geht der alljährliche Schützenausmarsch auf den festlichen Auszug von 1601 zurück, denn noch heute wehen die städtischen Standarten mit den Farben Weiß, Rot, Gelb und Grün den vier Zügen voran – genau so wie 1613 die vier Stadtbezirke zur Huldigung für den Welfenherzog Friedrich Ulrich solche bunten Fahnen erhalten haben. 1665 schuf Heinrich Sädeler den Schafferpokal, das älteste Stück des hannoverschen Schützensilbers.

Mit der Aufhebung der Bürgerwachen an den Toren war 1696 der letzte Rest städtischer Wehrhoheit dahin. Das Schießen wurde nun zur amtlich geförderten Freizeitbeschäftigung und schließlich zum »Schießsport« unserer Zeit.

Mit Stolz führt Hannover seit 1955 den Ehrentitel »Deutsche Schützenstadt«, fanden doch hier seit 1872 allein vier von den 23 Deutschen Bundesschießen statt. Das hannoversche Schützenfest aber ist alljährlich noch heute das größte der Welt.

Die ganze Familie musste mit aufs Bild

Das älteste Porträt eines Hannoveraners, das bis heute erhalten blieb, ist älter als sechseinhalb Jahrhunderte – es trägt das Datum vom 22. Februar 1321. Damals starb Dietrich von Rinteln, hannoverscher Bürger, Mitglied des Rates und Hauptmann des Leinstraßenbezirks. Sein Grabstein, auf dem er wohl annähernd in Lebensgröße dargestellt ist, steht heute in der Kreuzkirche.

Die Brüder »Adolfus, Thidericus et Hermannus de Rinntelen« besaßen, einem 1304 angelegten Lehnsregister des Mindener Bischofs zufolge, drei Hufen Land in »Ymene«, dem heutigen Ihme, und fünf Hufen und ein Haus in »Ydestorpe«, vielleicht Egestorf. 1329 schenkten Dietrichs Witwe Ghese und ihre Söhne Johannes und Adolf dem Stift Sankt Nikolai eine jährliche Rente von »enen Bremerschen Verding«, den vierten Teil einer Bremer Mark, aus dem Ertrag einer Wiese bei Ricklingen, »dat de Herberghecamp het«. Das geht aus den schriftlichen Quellen über diese Familie hervor; es ist bei der spärlichen Überlieferung aus jenen frühen Zeiten schon recht viel.

Die stark abgetretene Ritzzeichnung des Porträts lässt vermuten, dass die Steinplatte einst Dietrichs letzte Ruhestätte in der Kirche des Minoritenklosters bedeckt hat, bevor sie an der Wand des später zur Schlosskirche gewordenen Gotteshauses angebracht wurde. Nach dem Zweiten Weltkrieg bekam sie ihren jetzigen Platz in der Kreuzkirche. Dietrich von Rinteln tritt uns hier als »Mann in den besten Jahren« mit vollem, lockigem Haar entgegen. Bekleidet ist er mit einem langen, umhangähnlichen Mantel. In seiner Linken trägt er den Schild mit seinem Wappen, das drei Rosen auf einem senkrechten Streifen zeigt.

Nur ein Jahrzehnt jünger ist das erste Familienbild Hannovers. Es befindet sich ebenfalls in der Kreuzkirche, und zwar auf der Grabplatte des Bürgermeisters Johannes vom Steinhaus, der seine ganze Familie mit acht Söhnen und mehreren Töchtern »verewigen«

ließ. Das Geschlecht vom Steinhaus gehört zu den ersten, deren Namen aus der Stadtgeschichte bekannt sind. Bereits in der Stadtrechtsbestätigung vom 26. Juni 1241, der ältesten Urkunde im Stadtarchiv, wird der Bürger »Johannes de Lapidea domo« unter den Zeugen aufgeführt.

Vielleicht hat er selbst oder einer seiner Vorfahren das erste steinerne Haus in Hannover erbaut und bewohnt. Auch dieser Johannes gehörte zum Rat der Stadt und war vielleicht sogar Bürgermeister, falls man die Bezeichnung »Consul« in einer Urkunde von 1255 so auffassen darf. Gewiss ist der am 11. Juni 1332 gestorbene Johannes ein Nachkomme jenes Bürgers; aber wir wissen nicht, ob er sein Enkel oder Urenkel war.

In den Stadtrechtsbestimmungen von 1303 werden »Johannes de Lapidea domo« und Hermann Seldenbut als Hauptleute »in Forensi«, im Marktstraßenbezirk, genannt, bei denen sich die wehrpflichtigen Bürger bei Gefahr zu versammeln hatten. Nach Helmut Plaths Meinung deutet das Schwert, das

Johannes auf dem Grabsteinbild im Arm hält, auf diese Aufgabe hin. An der Marktstraße lag vielleicht auch das »Steinhaus«, nach dem die Familie sich nannte.

Hillegardis vom Steinhaus starb dreieinhalb Jahre nach ihrem Mann, am 30. Dezember 1335. Das Familienporträt ist »vermutlich eine der frühesten Grabplatten mit Ritzzeichnungen in Deutschland, auf der nicht nur die Verstorbenen selbst, sondern auch ihre noch lebenden Angehörigen abgebildet sind«, kennzeichnet Plath die kunstgeschichtliche Bedeutung des Totenmals:»So sparsam die Strichzeichnung auch ist, so ist es dem Steinmetzen doch bereits gelungen, die Altersgliederung der Familie in Gesichtszügen und Haltung klar zum Ausdruck zu bringen. Ja, bei genauem Hinsehen glaubt man auch schon Charakterunterschiede ahnen zu können«.

Johannes vom Steinhaus, »ein älterer Herr, behäbig, mit schütterem Haupthaar und milden Gesichtszügen« steht an der Spitze seiner acht Söhne. Er wendet sich mit erhobenen Armen seiner Frau zu, die die nicht mehr vollständig erhaltene Reihe der Töchter anführt; »Daß sie in ihrem Leben Leid erfuhr, sieht man dem Gesicht der Mutter an, die uns fast schwermütig unter der Haube, die sie als verheiratete Frau trägt, anblickt.«

Vermutlich wurde das Ehepaar vom Steinhaus ebenfalls in der Kirche des Minoritenklosters beigesetzt. Später diente die Grabplatte, mit der Schauseite nach unten, als Fußbodenbelag. 1949 wurde sie von Helmut Plath aus den Trümmern des Leineschlosses geborgen und fand ihren neuen Platz in der Kreuzkirche. Wie die Vorfahren vor sechs Jahrhunderten im Gotteshaus an der Leinstraße liest der Betrachter auch heute die fromme Bitte, die die Angehörigen der Verstorbenen in den Stein schlagen ließen; »Orate pro eis – Betet für sie«.

Der Judenfriedhof entstand Schicht um Schicht

Zu den ältesten Begräbnisstätten Hannovers gehört der jüdische Friedhof an der Oberstraße. Beiderseits seines schmalen Eingangs drohen zwei Sandsteintafeln mit harten Strafen für eine Beschädigung dieses Gottesackers: »Der Juden Grabstadt und Schutzstein mit Verwahrung, wer inkünftig dieselbe fiolieren oder mit Abführung des Sandes turbiren wirdt, das derselbe ohn einzig Ansehen Ser(enissi)mo Cel(sissi)mo Hertzogen Johann Friedrich den gnädigsten Landesfürsten in scharffer Straffe verfallen sein sol, urkundlich Langenhagen d(en) 11. Septemb(er) A(nn)o 1671 ad mandatum Ser(enissi)mi proprium Melchior Albrecht Reichhard«. Die Ortsangabe erinnert daran, dass damals das Amt Langenhagen bis zum Klagesmarkt reichte.

Zwar wird die »Juden-Sepultur am Sandberge« erst 1661 in einem Schriftdokument erwähnt, und der älteste erhaltene Grabstein ist nur sieben Jahre älter. Aber in einem Gesuch des einflussreichen Hofbankiers Leffmann Behrens Cohen an den Herzog Johann Friedrich, dieses Gräberfeld unter seinen Schutz zu stellen und das weitere Abfahren des Sandes zu verbieten, lesen wir 1673, die Juden hätten »hieselbst auf dem Sandtberg fürm Steinthore vor hundert und mehr Jahren einen Ohrt zum Begräbniß ihrer Todten gehabt«. Daraufhin ließ der Herzog das Verbot von 1671 noch einmal ausdrücklich erneuern.

Seit dem 14. Jahrhundert ist dieser Sandberg als Lehnsbesitz des Geschlechts von Reden nachzuweisen. Nach einer Überlieferung soll diese Familie ihn etwa 1563 den hannoverschen Juden überlassen haben als Dank dafür, dass Angehörige ihrer Gemeinde zur Befreiung des von denTürken gefangenen Sebant von Rheden beigetragen hatten. Historiker bezweifeln dies, denn die Familien von Rheden, aus der Sebant stammt, und von Reden, die Lehnseigentümer des Sandbergs waren, haben zwar gleiche Namen, sind aber nicht identisch. Den auf dem Lehnsverhältnis beruhenden Erbenzins löste die Synagogengemeinde erst 1880 ab.

In der Geschichte des Friedhofs gibt es manches Rätsel. Es war eine über ihre Umgebung emporragende Sanddüne, die Moräne einer der letzten Eiszeiten. Aber wie konnte sie sich in dieser Höhe erhalten, während alle anderen Hügel in der heutigen Nordstadt abgeflacht wurden oder gar ganz verschwanden? An sie erinnern nur noch Straßennamen wie Schneider- oder Möhringsberg.

Man vermutet, dass auf dem Friedhof jeweils eine neue Erdschicht über die alten Gräber aufgeschüttet worden ist, wenn der Platz nicht mehr ausreichte, wie dies aus Prag, Frankfurt und Basel bekannt ist. So ragte der älteste Grabstein 1910 nur noch zu einem Drittel aus der Erde. Wie Ludwig Lazarus schreibt, war es jedoch üblich, die neuen Grabsteine bei einer solchen Aufschüttung auf das neue Niveau anzuheben: »Für die späteren Bestattungen kann es als sicher gelten; davon zeugt die

Stellung der Grabsteine, die vor allem auf dem bevorzugten Plateau des Hügels dicht an dicht gedrängt stehen.«

Ungefähr 1740 wurde der Friedhof erweitert und mit einer Mauer umgeben. Zu diesem Zweck musste man die Hude- und Weiderechte der Einwohner von Hainholz und Herrenhausen mit 60 Talern ablösen. Mit der Weihe der neuen jüdischen Begräbnisstätte an der Strangriede wurde der Friedhof an der Oberstraße am 17. Oktober 1864 geschlossen.

Während des »Dritten Reiches« enteignete man das Grundstück, aber die Einebnung und Zerstörung wurde wohl durch den Kriegsausbruch verhindert. Nach 1945 kam der Friedhof in die Hand der jüdischen Gemeinde zurück, die ihre älteste Begräbnisstätte seitdem wieder betreut.

Die stets nach Osten gerichteten Grabsteine tragen meistens hebräische Inschriften, haben aber oft auf der Rückseite auch Namen und Todestag in deutscher Schrift. Ein reicher Formen- und Sinnbilderschatz aus drei Jahrhunderten schmückt die Denkmäler, von den Schneckenprofilen und Blattornamenten des Barock über die klassizistischen Pyramiden- und Kreissegment-Bekrönungen bis zu den neuromanischen Rundbogenabschlüssen um 1860.

Da sehen wir die segnenden Hände der Cohen, das kultische Waschgerät der Leviten, die Waage des Jüngsten Gerichts oder den Schmetterling als Symbol der unsterblichen Seele. Zahlreich sind die Steine mit den »redenden« Zeichen der Gans für die Kaufmannsfamilie dieses Namens, der Kanne für Bela Kann, des Herzens für Perle Herz oder der Blume für den Vornamen »Blümchen«.

Hier ruhen der Mathematiker Raphael Levi und die Großeltern Heinrich Heines, der Hofbankier Leffmann Behrens Cohen und seine Gattin Jente Hameln, zu deren Nachkommen neben Heine ebenso Felix Mendelssohn-Bartholdy sowie Karl Johann Philipp Spitta und Carl Sternheim gehören. So weiß auch der Hügel an der Oberstraße wie alle alten Friedhöfe viel zu erzählen.

das kleine HANNOVERSCHE SCHMUNZELBUCH

Vierzig Jahre lang hat der aus Dresden stammende Journalist Klaus Partzsch „Klapa“ für die Hannoversche Allgemeine Zeitung Glossen über Geschehnisse und Alltagserfahrungen in unserer Stadt aufgeschrieben und mit diesen Kabinettstückchen bei den HAZ-Lesern großen Beifall gefunden. In einer Zeit in der „Best of. . .“ modern geworden ist, möchten Verlag und Herausgeber eine kleine Auswahl aus vielen hundert Klapa-Beiträgen vor dem Vergessenwerden bewahren.

ISBN 3-923976-40-2
Verlag Leuenhagen & Paris

€ 2,95